【日】木下晴弘 著 颜彩彩 译

让孩子从心底
爱上学习的方法

机械工业出版社

CHINA MACHINE PRESS

北京市版权局著作权合同登记图字:01 - 2014 - 6193 号

图书在版编目(CIP)数据

让孩子从心底爱上学习的方法/(日)木下晴弘著;颜彩彩译.
—北京:机械工业出版社,2015.8(2023.6重印)

(好妈妈书架)

ISBN 978-7-111-51208-0

Ⅰ.①让… Ⅱ.①木… ②颜… Ⅲ.①学习方法 Ⅳ.①G791

中国版本图书馆 CIP 数据核字(2015)第 195526 号

机械工业出版社(北京市百万庄大街22 号 邮政编码100037)
策划编辑:谢欣新 刘文蕾 责任编辑: 谢欣新 王 蕾
版式设计:李自立 封面设计: 吕凤英
责任校对:雕燕舞 责任印制: 张 博
三河市宏达印刷有限公司印刷

2023 年6 月第1 版·第10 次印刷

148mm×210mm·5.375 印张·110 千字

标准书号:ISBN 978-7-111-51208-0

定价:59.80 元

电话服务	网络服务
客服电话: 010 - 88361066	机 工 官 网:www.cmpbook.com
010 - 88379833	机 工 官 博:weibo.com/cmp1952
010 - 68326294	金 书 网:www.golden-book.com
封底无防伪标均为盗版	机工教育服务网:www.cmpedu.com

前　言

之前的十六年，我一直在一家补习班做备考辅导工作。

这家补习班每年都会有很多学生考上全日本有名的超难考的学校，算是一家优秀的补习班。

一到春天，那些怀抱憧憬和希望的家长们就会收到许多宣传单，上面写着"×××成功考入××学校"这种华丽的广告语。

确实，合格学生人数不是吹出来的。

但是在这少数的合格学生的背后，还有更多成绩没有提高、不断否定自己甚至掉队的孩子。

那些金榜题名的学生中，在日后碰到更大的壁垒时迷失自我的人也不在少数。

"想让我的孩子爱上学习！"

刚进补习班时，家长们大多会说类似的话。

但当时的热情随着时间流逝而逐渐沦为空谈，家长们最终会对成绩没有提高的孩子产生不满，有时甚至会在家人之间产生不可弥补的裂痕。

　　当时的孩子，只在当时可以见到……

　　能看着自己所爱的孩子成长，这种时候在人生中，也不过只是短短一瞬间……

　　当时只想着孩子可以健康幸福地成长就够了……

　　在您内心深处沉睡的"对孩子真正的想法"和您"每天的言行"之间产生不一致的时候，请阅读这本书吧。

　　本书所写的是我在十六年间讲师经历中"让孩子爱上学习"的研究。但这并不是"只让孩子在当下爱上学习的研究"，而是"让您和孩子过得比现在更幸福的同时让孩子爱上学习的研究"。这不仅会让孩子得到成长，大人也会从中获益良多。

　　那么就开始这份讲义吧，它会让你在回顾人生的时候发觉"啊，我度过了养育孩子的幸福一生"。

目　录

略长的后记　为了让孩子掌控考试，传授给父母这样三件事

第 1 章

家长的认识会让孩子爱上学习

❀ 孩子讨厌学习的原因

新生们先后踏入补习班课堂。

家长们一般都会跟孩子一起,听开课前的说明和报名事宜。我跟家长和孩子们面对面坐下,看到家长脸上无一例外地带着期待,仿佛在说:"上了这个补习班,孩子的成绩一定会提高的。"

而孩子们则一脸黯淡,好像预感到"啊……又要被迫多学习了,不学不行啊"。

而眼睛发亮、带着期待的表情,好像在说"今后要在这个补习班上,跟着这位老师更用功地学习才是"的孩子,几乎一个都没有。

这究竟是为什么呢?

对几乎所有的孩子来说,学习只代表着"苦行"。这又是为什么?

就是因为他们都不理解"学习的意义"。

日本有句话叫"赛河原上堆石塔",意思就是不断痛苦、空虚地重复做无意义的事情。对很多孩子来说,学习正像是在荒凉的河岸上不断滚着堆积石头的一个过程。

把学习看作此等苦差事的孩子们,稍微碰到一点问题就会产生受挫心理,一旦成绩出现下滑,精神也随之开始进入崩溃状态。

对这些孩子,哪怕再说"再加把油,鼓足斗志"也只是把他们逼到走投无路的境地。教这些学生的我们,也会感到很棘手。

所以,让孩子认识到学习的本质,这一步是很有必要的。

首先我们需要问:"你为什么要学习?"孩子如果一直以来都被父母和老师一味强迫学习,就会将内心裹上一层外壳,不愿意对大人吐露心声。

对这个问题,孩子们基本上都会如此回答:"因为我妈妈让我好好学习。"还有孩子回答:"如果不好好学习,就上不了好学校。"

然后我们会继续问:"为什么不上好学校就不行呢?"

孩子就会回答:"因为不上好学校就找不到好工作。"

"为什么找不到好工作不行呢?""找不到好工作就过不上好日子。"孩子们一直做出重复的类似回答。

这时候就差不多该反问回去了。

"你真的确定吗? 上不了好学校的人,就一定过不上好日子吗?"

这时孩子的脸上才会浮现出困惑的神情。"但是大家都是这么说的啊。"

各位读者有何感想呢？

我们都是在社会上打拼生存了很多年的大人，对这一点应该心知肚明：就算进不了所谓的"好学校""好公司"，找不到"好工作"，但仍然过着"好日子"的人，简直是一抓一大把。

我也会给孩子们举这些人的例子，他们听了都会很惊讶。

"所以说，你们的爸妈说的话，跟现实还是有一定出入的。但他们希望你能过得幸福，这是毫无疑问的。不要忘记这一点就好。但实际情况并不如他们所说的。"

"所以你们的大脑需要重启一下。要明白，哪怕上不了好学校，也能尽情享受人生。就算学习不好，也能过上幸福生活。我说的话你们都清楚了吗？"

这么说的话，孩子们就会老实地点头回答"清楚了"。

然后我们再问一遍。

"清楚了的话，我还有一个问题，你想取得好成绩吗？"

孩子们还是无一例外地回答"想"。

"那是为什么呢？"

"成绩好的话，就更高兴。"

"成绩好就会高兴啊，为什么高兴呢？"

"因为觉得自己做得很好。"

也就是说，他们想"让自己能够做到"。想看到自己在成长。这跟因父母发脾气等原因而去学习是完全不同的。

按照我的想法，人类的 DNA 中本来就有"进取之心"。家长的虚荣心和面子被去掉后，孩子原本的进取心才会表露出来。

孩子们原本就是希望学习、希望成长的。

明白这一点之后，才能开始真正的学习。

我在这里丝毫没有批评那些希望孩子学习进步的家长们的意思。只是想说，加深对"学习本质"的认识，会有很大帮助。

可以说，一个孩子在学校要当英雄，要么学习好，要么运动好，要么在文化节和社团活动中表现活跃。

我虽然不赞同"成绩的好坏决定人生的幸福与否"这种说法，但却认为适当与他人进行"相对比较"是有益处的。

之所以比较会造成问题，是因为本末倒置而已。

孩子一进小学，立马被教育"如果成绩不好的话，未来将是一片黑暗"，根据相对评价，处在靠后位置的孩子们就会感到很绝望。

不应该这样，刚才说的学习也好，运动也好，都要让孩子先认识到学习或运动的本质，明白关注它的意义，再进行比较，只有这样，孩子们之间才会产生"自然竞争"关系，这样才可以得到相对健全的评价。

但是现在的学校，并不把竞争的本质传达给孩子们，而是直接进行相对评价，形成了"恶性竞争"的氛围。

竞争，就是通过击败对方来让自己占据高位。自己在这个过程中完全没有感到成长的乐趣。竞争的对手,只不过是自己的"敌人"。

相反,能享受到个人成长乐趣的孩子们,在碰到对手时就会想:"那个人真是很努力啊。好嘞,那我也会进步的!"对手不再是敌人,而是可以使自己成长更有方向性的"目标"。

无论结果如何,最后总是可以跟对方握手言和。

相互认同"我们都很努力嘛"。

这一点非常重要,但有很多大人没有意识到这一点。

所以家长会说:"那孩子考了一百分,你怎么才考了八十分?"孩子们事先就被"成绩不好的话就没有将来"的价值观洗脑,就会产生"吊车尾"①的心情。

这样的话,肯定自己是很困难的。

在没有自我成长这个坐标轴的情况下讨论相对评价是很不可取的,甚至有人提出应该改革为绝对评价,这些都是十分愚蠢的做法。

这是孩子们讨厌学习的其中一个原因。

评价的方法并不是问题所在。

问题是,是不是先给孩子灌输了"成绩决定人的价值"这一观念。

——————————

① "吊车尾"原意为吊在马车尾部的装饰,后来延伸为最后一名的意思。——译者注

🍀 束缚孩子的家长的价值观

接下来要说的，就是本章的正题。

上文所说的孩子们的状态及其背后的原因，不知道大家是否可以接受。

为了不被怒骂而学习。

为了将来进入好大学、好公司，过上好日子，而想得到好成绩。

这些究竟是哪些人的价值观？

这并不是孩子们想出来的，而是家长想出来的。这是家长们的价值观。

也就是说，家长们相信"如果成绩不好，就上不了好大学，进不了好公司，得不到好工作，就过不上好日子"。

然后家长们把这种观念，通过每天不断强化来灌输给孩子，让他们讨厌起学习来。那么家长们为何抱有这种价值观呢？

接下来我们就一起思考一下这个问题。

我当了十六年的补习班老师,在这个过程中对人进行过一些观察和思考。

或者说,为了教孩子们学习,首先不得不要观察一下人类这种生物。

结果,我明白了一些事情。

第一件就是,人类的言行举止是通过三种"本源"而发生的。在我看来,"本源"是形成人类言行及思维的基础。

从早上起床到晚上睡觉为止,所有的言行的基础。

首先是"欲望的本源"。任何人都"想得到爱""想得到心灵的治愈""想被认为是重要的存在""想要被人佩服"。

接下来是"恐惧的本源"。"不想被伤害""不想被疏远""不想被讨厌""不想遭受痛苦",这些也都是人人都有的想法。

"欲望的本源"和"恐惧的本源"是内外一致的。因为"不想被伤害"其实就等于"想得到心灵的治愈","不想被疏远"就代表"想被认为是重要的存在"。

至于两者究竟谁强谁弱,会最终影响到人的言行,所以把二者分开来看。

此外还有一个"对自己及他人的爱的本源"。也可以说是"慈爱的本源"。

出于纯粹的慈爱而产生的言行实际是非常稀少的,几乎都会有"欲望"和"恐惧"从中作祟。砝码放的位置不同,情况也会发生变化。

比如为了要救孩子,家长会冲出去而不顾自己会被车撞死。这就是纯粹的慈爱。只是想保护孩子的生命,根本没有欲望和恐惧的时间。但在跟其他人一起的情况下,就不会有这种纯粹的慈爱言行发生了。

再举一个例子吧。

我的拙作中提到过志愿者的事情。他们究竟是为了"纯粹对他人的爱"而参加志愿活动的呢,还是因为出于"想被大家认为很重要"的欲望而做的呢?

多数场合都不单是因为某一方面,而是二者的混合。问题在于"哪一方的比重更大"。

欲望较多的情况下,志愿帮助的对方拒绝自己的时候,就会表现出"我好不容易去帮你了"的反应。

这个反应里隐含着"别人不觉得自己重要"的"恐惧"。因为不被重视,所以会觉得受伤。

但是伤害令人感到恐惧。所以才会产生接下来的反应:"我都在帮你了,你这是什么态度啊!"随后就开始进行攻击。这是人的防卫反应。

另一方面,以对自己及他人的慈爱为主题的志愿者,会认为"接受或者不接受,都是对方的自由""有人拒绝的话那也没办法啦"。这只是一个志愿者的例子,但其他言行跟这种心理也有相同之处。

那么希望孩子"好好学习""取得好成绩"的家长们,究竟是出于哪种本源的心理才会有这样的举动呢?如果是出于慈爱的本源,那么对方即使不接受自己的想法,也不至于生气才对。但现实情况是,大多数父母看到孩子不学习,是会发怒的。

有人会害怕"没有把孩子教好"。这完全就是在想自己的事情而已吧。

也有人会害怕"孩子长大之后会为生活所困",为生活所困的是孩子,不是你自己。但看到自己的孩子烦恼,自己也会痛苦。

这是自己逃避痛苦、不想受苦的缘故。

这也是在为自己考虑。那么为什么会发生这种事情呢?

这里面隐藏着心理阴影的问题。

心理阴影这个词原本是医学和心理学的专业术语,在本书里取了它广义的意思,是指因某种经历而受到"心灵的伤害"或者"偏见"的影响。

我认为心理阴影分"黑色"和"白色"两种。

刚才提到，所有言行都是通过三种本源产生的，这里先把"对自己及他人的爱（慈爱）的本源"稍微放下，在欲望和恐惧两种本源中产生的言行，都是基于心理阴影出现的。

"恐惧的本源"中隐藏着"黑色阴影"。这属于我们一般所说的心理阴影。比如受虐待、欺凌等精神遭受很大创伤的经历。

某个补习班的老师跟我讲过他的亲身经历。

他上小学的时候，有一天戴着帽子去上学，然后被老师嘲笑了。从那之后，他就不再戴帽子了。他被老师的嘲讽深深地伤害，不想再遭受第二次了，于是在成年之后也拒绝戴帽子。这正是"黑色心理阴影"。

还有人上课的时候第一次被老师点名"从书上第几行开始读一下"，但是他没有读好，就被朋友和老师嘲笑。从那以后，就再也没法在人前说话了。

可能会有人觉得"这么点小事不至于吧"，但挑战新事物的时候，特别对小孩子来说，是非常需要勇气的，如果被嘲笑的话，自尊心会受到严重的伤害。

有时假装成若无其事，可能还会跟着一起笑，这其实也是为了不被别人看穿自己受伤而做出的防卫反应。但是伤痕会残留在心中，对人言行的影响会贯穿人生。

受虐待和欺凌等表明自己被否定过的经历，也会让人留下心理阴影。

这些人的言行都是基于"为了不被否定,要怎么做呢"的想法而做出的。也就是"不想被伤害""不想被疏远""不想被讨厌""不想遭受痛苦"。

有的人因此迎合对方,接受那些无理要求,顺着他人的感情而行动。也有的人会做出过度的攻击性反应。

自己的行为被他人批评时,也有人会一下把自己关在壳中。防卫反应和攻击反应导致的行为在内部隐藏着的是"黑色心理阴影"。

另一方面,"白色心理阴影"是因为被爱而产生的言行。

任何人在意识不到的情况下都会产生白色阴影。

例如,跟朋友相处得很好的孩子,从大人的眼里看来是"好孩子"。但是在孩子内心,隐藏着"不想被讨厌""想变成好人"的想法,这也是心理阴影导致的其中一种行为。

面对初次见面的人,也会在潜意识下抱有"如何才能让对方觉得自己是个好人呢"的想法来进行交往。这并不属于对自己及他人的慈爱,而是属于欲望。因为这样想,就会产生明哲保身的处世态度。

例如,有这么一位政治家。

他跟很多人进行交谈,表示对所有人的想法都有同感,观点一致。关系到国家大事的决定,也会当场就轻易同意对方的做法。

对国民的任何请求都马上说"那就这么办吧"。谈话对象和国民在一瞬间会大喜过望,但现实中实施起来,会碰到种种阻碍,并不是那么简单就能完成的事情。在多次受挫后,这位政治家又简单地换了一个方向继续实施。大家在大喜之后又经历严重的失望,失去了对政治家的信赖。

但这种人并没有恶意,也不认为自己是辜负了他人的信赖。只不过是明白了眼前人喜欢听的话,然后把它说出口而已。跟这种人一起工作的话,问题会如井喷而至,结果会非常不堪。

一般工作顺利的时候倒是没有关系,如果工作上出现问题,有相当大的概率都是因为"白色心理阴影"导致的。

以上是对心理阴影的解释,那么世界上有没有没有心理阴影的人呢?

答案是显而易见的"NO"。

任何人都无法回避心理阴影。任何人都有自己的心理阴影。人类在成长的过程中必然会受到很多伤害,只要稍微思考就可以明白这个道理。

跟朋友吵架的时候,会把心里想的"矬子""丑八怪"等话都当面说出来。感冒的时候,忍着去上学,但在教室呕吐了,同学们说:"你脏死了!"认真唱歌却被笑话"五音不全"。家长说:"你姐姐是双眼皮,你是单眼皮,看着跟要睡着了似的。"

这些都是平时常见的事。说话人很快就会忘掉这些,但听话的人却忘不掉,简直就像咒语一般束缚着自己的言行。

　　像那位拒绝再戴帽子的补习班老师一样,人们总会在意自己长得矮,就绝对不在人前唱歌,或者为了变成双眼皮而在化妆上投入大量的时间和精力。

　　人在成长过程中,背负着心理阴影以及阴影导致自身出现的问题,不断地去克服它们,这一系列的行动过程就叫作"人生"。

　　请回顾一下自己的人生。你都有哪些心理阴影?别人说你什么会让你生气、受伤?你绝对不做"×××事"的理由是什么?

　　开头所说的"上个好学校,找个好工作,过上好日子"的价值观,是为了追求什么而形成的?

　　家长首先要注意到自己的心理阴影。因为这个阴影可能就是导致你想让孩子们"好好学习"的想法根源。然后在潜移默化间,这个阴影也会植入孩子的心中。

🍀 改变人际关系,会发现改变孩子的要诀

人际关系也受到心理阴影很大的影响。

有的人会让我们觉得"有好感",而有的人会让我们觉得"真讨厌"。

对别人的喜欢厌恶是主观的东西,实际上它也是有其根据的。人们讨厌的是"把自己认为'绝对不能做'的事情若无其事地做出来"的人。

比如小 A 平时认为"对所有人都应该有礼貌",有一天跟第一次见面的小 B 吃饭,自己会对服务员说:"不好意思,能给我们倒点水吗?"而小 B 却说:"快给我拿水来!"

这时小 A 就会觉得:"咦,这个人怎么这样?"小 A 自己警告自己"绝对不要做"的事情,"不能给人施威、看不起别人"的准则,被小 B 轻易地破坏了。这时的小 B 就是不能被原谅的"讨厌的"对象。

重要的是,为什么小 A 会认为"对任何人都应该讲礼貌",把

失礼行为当成不能做的事情呢?

到底是谁教的呢?

这是出于幼年期的"心理阴影"。它与好坏没有关系。小 A 在幼年期就有了"如果对其他人不讲礼貌的话,就不会有人爱你了(被讨厌)"的心理阴影。跟讨厌的人面对面的时候,实际上就是跟自己的心理阴影面对面。感到难受也是正常的。

了解了这种缘由,家长就能理解教育孩子的不同方法会给他们造成不同的心理阴影了。同时,家长了解自身,也可以改变自己的行为,甚至生活方式。

了解真正的自己、受伤的自己是需要勇气的。但是如果真正想让孩子改变的话,首先家长就要做出改变。

那么,具体来说要怎样面对呢?

迄今为止,我们都是若无其事地避开讨厌的人。这样可能会暂时解决问题。

但我希望大家不要再这样做了。

这么说不是让大家强行抑制讨厌的心情,皮笑肉不笑地跟对方交流。

面对面交流有很多种方法,其中主要有三种:

正面交流、理解、还有升华。

接下来我们逐一进行介绍。

🍀 面对不愿面对的人时有三个方法

"正面交流"是指跟对方进行讨论。

"我不太认同你这个观点。"

"啊？你居然先说出来了，我也不太喜欢你的某些地方。"

"等等，那不是因为你先这样的吗？"

像这样，直接从正面指出不喜欢对方的地方。

谈话逐渐升级，最后可能不欢而散。

突然把真实想法说出口，可能会闹得不合，也可能深入了解对方并达成和解。其结果是两极分化的，这就是第一个方法"正面交流"。

其次是"理解"。

只从思想上理解对方是不行的，而是要从言行上和对方保持一致。

把束缚自己的禁忌都试着去打破。

例如，有人总是约会迟到。而你却是一个十分守时的人。对方迟到的时候只是随便说一句"不好意思啦"之类道歉的话（至少你看到的是这样），你就会无法理解，内心开始讨厌他。

这时，可以自己故意迟到一次。

知道已经迟到了却还一直待在家里，这对严格遵守时间的人来说，是无法忍受的痛苦。

忍住这种想法，让每次都让别人等的人也等候一次，那样他就知道那是多么令人生气的事情了吧！

过了约定时间很久，才到约好的地方。

用对方每次都用的随意口气说："不好意思，迟到了。"意外地发现，对方好像没有不高兴。

甚至还说："没关系啊，我难得用这时间读了一会儿书。"

这时，你就会开始思考了。

"啊，用这种交往方式也挺好的。"不被时间束缚，对方迟到的话，可以假设"可能对方有急事，先看看书消磨时间吧"，这样相互体谅对方。

想到"嗯，这样交流会让心情变好"的时候，就可以包容自己的禁忌，从而得到成长。

再看一下刚才提到的"快点把水拿来"的例子吧。

可能你会觉得"这种事我绝对做不出来，也完全不想做，也没法包容"。

但是如果所有客人都理解服务员不来倒水，认为他们是"太忙了"，都在忍耐的话，会怎么样呢？店员不知何时就会把这个视作理所应当,越来越不愿意马上去倒水了。

不只是倒水,对于收空盘子、点菜等服务,本应看到客人示意后马上过去服务的,但他们可能逐渐松懈下来。

这时你怒喝一声"快点来倒水"的话,服务员可能会吓一跳。她可能会害怕胆怯,也可能会反感"真是个烦人的客人"。

但是如果对指责感到痛苦的话,就应该想"必须早点倒水才是",就会克服松懈的情绪。

第二天,来了一位看起来很难缠的顾客。这种客人如果有不满的地方,会马上把服务员叫来,然后开始抱怨。

在她说"你们这个菜单太乱了"之后,服务员马上端茶倒水,细心周到服务,就会避免更大的麻烦。正因为有前一天你的怒喝,服务员们的意识才能改变,避免了更大的伤害。

这么考虑的话,服务员反而对说出"快点来倒水"的你产生了感谢之情。

接下来你再来这家店的时候,他们可能会对你说"上次我们倒水太慢了,多亏了您的指点,非常感谢"。

假设跟你一起的家人当时责备说"别这么讲话",你也许会觉得很不开心。但店里的人感谢了你,你可能就会想"没错,指出问题也是很重要的。但是讲话方式要再考虑一下"。这种可能性也不是没有。

跟这个类似的事情,其实非常常见。

工作的时候，也会有人说你"你有好好干活吗"，有人听到这话会觉得很受伤，但有人就会打起精神来。

所以可能也有人听到严厉的"快点来倒水"之后觉得"还不错"，并能接受。这跟对方的成长是联系在一起的。

反过来，如果总是做出非常理解的样子，保持沉默，觉得"可能说了也没用"，于是就放弃的话，有可能反而阻碍了对方成长的机会。

顾名思义，这个"理解"是尝试理解对方，想到跟以往不同的观点，这也是让自身成长的一个办法。

虽然这么说，但我自己非常不擅长这种方法，实在是做不来。

所以我最推荐的一个方法就是"升华"。我自己一直在试图用这种方法跟对方交流，现在也在努力做这件事。

那么升华具体是怎样做呢？

交流绝不是一个人就能做得来的。必须要有一个对方。这是肯定的。

所以交流顺利的时候，对方和自己一定都有为此而努力。

反过来说，交流不畅时，自己要负一半责任，剩下的一半责任在于对方。这也是毫无疑问的。所以羁绊的"绊"写作"绳子的一半"。

自己拿着一半的纽带，对方握着另一半。因此对方如果不拿着纽带，就无法用纽带来联系。

但对方拿着的一半，自己这边是无能为力的，所以要把自己的这一半进行彻底的"完善"。这就是我想出来的理论，也推荐给大家。

"完善"就是努力成为无论面对什么样的人都能顺利沟通的自己，也可以说是一件跟自己切磋琢磨的工作。这并不是一件简单的事。

🍀 改变孩子是家长的修行

那么与自己切磋琢磨是怎么一回事呢？

实际上，这跟"让孩子喜欢上学习"的主题有深刻关联。

我经常用"善恶"这个词。

但实际上，世界上不存在"善恶"这种东西。原本是谁规定的善，谁规定的恶呢？是我们人类基于自己的价值观，自以为是地判断出来的。真正存在的只有"事实"而已。

道教始祖庄子曾经说过"蟪蛄不知春秋"。寒蝉（蟪蛄）只活一个夏天，所以不知道春秋冬三个季节，最后只能可怜地自然死去。对于这点，后来的高僧昙鸾说："那蝉就当真明白什么是夏天吗？不，只知道夏天的生物，才是真正不懂夏天的。因为它只在夏天存活。"

也就是说"只知道夏天的蝉，一辈子都不可能理解什么是真正的夏天"。"要知道真正的夏天，就必须要知道夏天以外的季节才可以",这句话换到人生中也是如此。"要感知真正的幸福,就必须品味不幸时候的状态才可以。"

这里可以注意到,幸福 = 善,不幸 = 恶,这种两极分化的想法是非常浅薄的。幸福正是因为不幸的存在而存在。

幸福和不幸,不过是相互对比且内外一体的现象而已。

有人给战争定罪,认为这是"恶"。

这种人认为和平是绝对的"善"。

那么和平究竟是什么呢? 不用战争做比较去解释和平,是极其困难的。对只经历过和平的人来说,绝对不会明白什么才是真正的和平。对战争有认识的人,才会可能希求和平。

这就是去除善恶基准,从阴阳学角度来说的"开悟者的定义"。开悟者并不是所谓企图劝善惩恶的空想者,而是可以灵活调整善与恶的人,这就是开悟的意义。

用身边的例子来说,开悟的人可以定义为"了解男人也懂得女人的人"。这种人已经超越了"到底是男是女""男人好还是女人好"这种二元式思维。

所以佛像的脸也是中性化的。

但是人类是愚蠢的,我们往往把事物二等分,评价它们的优劣。这就会产生很多错误。例如男女之间其实并没有什么优劣之分,而是相互补充合一的。

但很遗憾,人类并不是神,只会按照自己认为的善道去生活。

让我们再次回到刚才说的"彻底完善自己"上来。

换句话说,这就是"积德"的表现。

我所尊敬的佐藤芳直先生是 S. Y. WORKS 公司的董事长。我曾经多次去听他的演讲,他的深刻历史观和能看透事物本质的犀利语言,无数次击中了我的灵魂。我认为不会有人比他的演讲更加摄人心魄了。

佐藤先生曾经讲过这么一段话,我试着用我自己的语言来复述。

人类是凭借感情生存的。感情和感性会左右人们的日常言行与判断。其中不能被左右的事物,就叫作"德"。

"德"的意思是说把你认为"善"的事情在瞬间用行动去实现的过程。这个过程就叫作"积德"。

如果不在瞬间做出行动,就会有考虑的时间,然后人类就会从善恶的角度转移到利益的角度来作为行动基准,就不会想做对自己有损失的事。

不要在考虑结果后再行动,而是将善迅速转化成行动。

之后他又说了如下几句。

这跟轻举妄动是完全不同的。轻举妄动,是不深入考虑善而做出的轻率行为。

经常问自己"什么是善",然后持续训练把它转化成行动,这就是人的"修行"。

先不说国家大义的事。例如,你的眼前有一个空的矿泉水瓶。明显是"垃圾",只要捡起来就好。这里我们是用善恶来判断的。

但如果犹豫不决,接下来就会在内心产生一个概念,"这不应该是我来捡"。这里就已经进入了判断得失的阶段。在这个时候,人类是不会选择做损失个人利益的事情的。

所以从最初"垃圾掉在地上"到"捡垃圾"这一时间轴是不能画出来的。要将这个时间尽可能缩短到零,这就是"积德"的过程。

觉得好的事就马上去做。垃圾掉了就要不假思索地捡起来。不考虑得失,而是当成理所当然的事情而做。

这样积累下来的行动,就会让人积德。然后会出现什么呢?

那就是"为自己感到骄傲"。这不是俗话说的傲气。傲气是对他人的胜败、优劣产生了差别意识,是可以轻易伤害到别人的。

"那个人比我受欢迎……"

"那个人的收入比我多……"

"那个人的成绩更好……"

"那个人的车比我的高级……"

等等,这是多么浅薄的价值观啊。被这种价值观支配的话,就只能通过寻找自己比别人占优势的地方来保护自己,人生会充满苦恼。

而骄傲是自发的,对自己进行很高的评价。因此绝对不会被他人伤害到。自己持有信念,做自己觉得正确的事,无论他人如何揶揄,都保持"让他们去笑吧"的心境。

实际上日本明治时代的维新志士坂本龙马就是这么说的。

他曾经写过这么一首和歌:"任凭千夫指,我心唯我知。"

当然,坂本龙马所做的事并不是全部都对,但重要的是"最后我只走自己相信的路"。

那时,大家各自都被自己的心理阴影而阻挠着行动。

例如要捡垃圾的时候,就会被人讽刺"嘿,真高尚啊",然后你一下就会住手了。

或者在这么说之前,你想"我这不就是想表现自己是个好人吗",然后很在意这件事,只能装作没看到。这种事情是不是也发生过呢?

这正是"恐惧的本源"。"想被别人认为是'装好人'"的这种看法很令人恐惧。不想被别人讨厌。

重复说一下,我想把这种恐惧进行"升华"。"你不做的话没关系。但我只是在完善自己这块心灵的领地而已"。这话不用说出口,在心里回答,然后默默去行动就好。

作为家长的各位,你们一定要试着这样做。

我还听过这么一个故事。

某位男性的工作是回收住宅贷款。从那些因为破产而还不起住宅贷款的人手中回收贷款,原本就是不太可能的事情。

具体来说,那些人在破产之后就只能放任不管,因为知道他们是没钱的。

但是有人在三四年之后,做生意赚了钱,得到了公司的不错评价,手头也宽裕了一些。男人就在这种时候开始回收贷款。

他被骂得狗血喷头的概率是百分之百。

"我好不容易过上平静的日子,你还想从我身上拔毛!"男人被骂得不行,他的妻子也跟着哭泣。

甚至有人说"你真是个瘟神",对他进行精神打击,男人竟然还真的碰上了交通事故。

雪上加霜的是,上高中的儿子也开始闭门不出了。男人跟他说:"你这是干什么,快去上学!"可他却说"你从早到晚都在唉声叹气,还好意思说我。"

男人听到这话惊呆了,他醒悟到"我如果不改变自己的生存方式,家人们就都过不下去了",然后就换了一个工作。儿子的一句话,将痛苦的工作"升华"了。

对孩子来说,家长就是自己的根。父亲不肯定他自己的生存方式，从早到晚唉声叹气，儿子看到这些，就感觉是自己的存在和将来被否定了一样。

母亲也经常跟孩子抱怨父亲，这对孩子来说，就等同于否定了一半的自己。

❀ 抱着不逃避而直面问题的觉悟

直面自己,完善心灵领地。其中不可或缺的前提就是"觉悟"。可以说,那些脱离人生正轨的人,都是没有觉悟的人。

例如孩子出生之后,通过上小学、上中学一步步成长起来。

同时家长的觉悟也在跟着每个阶段进行提高和巩固。孩子跟朋友吵架了,学习跟不上,生病等等……遭受这些困难的时候,有很多家长都会慌张失措、摇摆不定。但如果平时就提高觉悟的话,无论什么困难都能在预料之中,就不会慌慌张张。

实际也是这样的。早上家人充满活力地说"我出门了",但却遭遇了交通事故,回到家的只是一具遗体。这种事情现实中也会发生。虽然概率极低,但也不是完全没有。人生中不知道会发生什么不测。

我家的孩子们每天早上都比我早一点出门，我每次都一定会到玄关去送他们。

这时我就会想："如果女儿晚上没能平安无事地回家，那白天我就应该多说几次'注意安全'之类的话的。"所以每次我都要说"注意安全"。

女儿说"好"，然后也不看我的脸就出门了。这就够了。我只是在完善自己的心灵领地。

如果女儿真的被卷入事故和不测中，我一定会悲痛欲绝、哭泣、失去理智。

但我时常会想"不知何时就会分别"。

我这么想，是因为我做老师的时候，所教的学生在交通事故中去世，我看着失去孩子的父母的样子，觉得自己也有必要提高觉悟。

绝大多数家长都希望孩子的人生不会碰上痛苦。

实际上，"如果孩子感到痛苦，我就会不高兴"的家长是怀有"恐惧的本源"的。人生不可能没有一点痛苦，而且如果从未经历过痛苦长大的人，很可能变成有问题的成年人。

但是家长还是这么期望着，这就是所谓的觉悟低。

痛苦的事情也不错。在孩子体会落榜后跌入谷底的心情、失恋后想自杀的心情时，家长都要抱着"这是为了孩子的幸福而必须经历的"这种觉悟来守护孩子。因为幸福与不幸是内外一体的。

如果能做到这点，家长首先就是直面了自己。如果做不到的话，就会像刚才回收贷款的男人那样，被自己的孩子说出这种话来。

最重要的是家长自己"不要逃避问题，要直面问题来开辟道路"，如果不体会这些道理，就无法提高觉悟。

有觉悟的家长会成为孩子的英雄。

🍀 家长是孩子的英雄

这里说的英雄，并不是"一直完美炫酷的人"。而是直面自己所有的优点和缺点，在面对眼前出现的问题时虽然也会哭泣，但仍然果敢向前冲、不停止努力的人；即使一次次失败，也会咬紧牙关再次站起来挑战的人。

家长也会碰上很多麻烦事。这时有很多家长不愿意把脆弱的自己、受伤的自己展现在孩子面前。

但是我希望家长们把自己狼狈不堪的样子展示给孩子看。那时笑出来也好，哭出来也无所谓。

一边簌簌流泪，一边说"爸爸今天很难过，你不要担心，我最后一定会挺过来的"，实际上最后也努力挺过来。无论到多么糟糕的境地，碰到多么痛苦的事情，都不要放弃，继续挣扎着努力。

没有必要让孩子一直觉得自己很厉害。

我再重复一遍，如果诚实地直面问题，最终都会在该安定的地方安定下来，没有关系。

看到这些的孩子们会想"啊，生活原来是这样啊"，然后得到宝贵的人生经验。这是最好的教育。如果家长隐藏自己在挣扎的样子，装作没事人的话，我敢肯定会得到相反的效果。

比如，补习班最受欢迎的老师，就是把全部情况赤裸裸展现出来的老师。

一般的补习班，都有学生评价老师的调查问卷。

某位老师一开始的调查问卷结果评价很差。这对老师来说是很严重的屈辱，他的内心十分受伤。

但是这位老师选择了直面糟糕的自己。他每天都拜托资深的教师说"我想旁听您的课"，把自己模拟讲课的视频拍下来检验，"这个地方不好，再来一遍！"，就这样一个人忙碌到很晚。

学生们偶然看到他这样，在接下来的一次调查问卷中，这个老师的评分排到了第一位。

学生们都有着同感。

"这个老师讲课特别差，但他不会逃避，而是直接面对，我们觉得这样很酷。"

另一方面，也有完全与此相反的老师。

虽然真的很着急很苦恼，但故意不表现出来，而是做出一副"没事，我完全不在乎问卷调查"的样子。但他的状态学生一看就明白。于是学生看待他的眼神就更加严苛，他无法得到学生们的支持，最终真的变成非常糟糕的样子。

　　真正优秀的成年人会一直面对自己的问题,哪怕是流着泪,落魄不堪,最终也一直向着成功而努力着。

　　那么如果是一家之主又会怎样呢? 孩子们看到家长努力的模样,自己也会改变的。

🍀 要求孩子之前,自己先做到

家长们一直在要求孩子们做各种各样的事。

除了"想让孩子好好学习""想让孩子们成绩提高",还会要求他们做"温柔""广结好友""讲文明懂礼貌""勇敢"的孩子。

让孩子做到家长的期望,只有一个方法,就是家长自己身体力行。

比如"想让孩子学会有礼貌,给老人让座"的话,家长首先要做到。

但是为了能保持一直做你应该做的事情,就必须学会一种思维方法。

以下的内容是我在其他拙作中也一定会提到的一个事情,我有段时间讲课效果差,非常苦恼,于是我的人生导师——我尊敬的铃木博先生就曾经这么指导我。

"小晴（他一直这么叫我），觉得自己讲课效果不好，很烦是吗？你觉得这种情况是你自己造成的吗？"

我当时第一反应就是"不可能"，然后我说："我讲一个课时，需要用三小时来准备，我这么努力还说我是问题的源头，这未免有一点欠妥了吧。学生原本的工作不就是听课吗？"

铃木先生说："是吗？那还真是对不住小晴了，可能你讲课效果很糟糕就是学生造成的吧。"

我瞬间愣住了，心想："到底他想说什么呢？"

"小晴啊，你能不能把学生们造成的当前的现状，看成是自己造成的，然后去面对它呢？我就是想问你这个问题。"

指出这样的问题有些难以理解。然后我提出了反对意见。

"把别人的问题当成自己造成的，这有什么好？"

然后老师说："学生做的事情，小晴能把它改过来吗？但是如果是小晴自己做的事情，小晴就可以改变了。"

我还是不太明白他的意思，就拜托他"能再详细地指教一下吗"，于是他又这么说：

"小晴应该不会觉得柬埔寨的内战是你造成的吧？"

我又目瞪口呆了。

"那跟我一点关系都没有。我连去都没去过柬埔寨，怎么会是我造成的呢？"我回答道。然后铃木老师笑着继续说。

"这样是对的，如果把世界上发生的所有事情都算到自己头上,那人就不要活了,但是如果小晴你觉得柬埔寨内战跟你无关的话,就不会想去做什么来改变它,对不对?"

"人类对眼前发生的现状,认为'这不是我造成的,是这个人的错,是那个人的错,是环境的错'时,就肯定不会采取任何行动去改变现状。

"但是小晴啊,讲课效果不好,跟地球的另一面发生的事情,并不是一回事啊。现在你自己所属的组织中,发生了这样的事情,对吗?

那至少你要站在'这些可能是因我造成'的立场上,迈出一步,采取某些举措来解决问题,然后过好自己激情的人生。这是我的一点看法。"

这些话仿佛击中了我的心灵。

铃木老师又说了下去:

"小晴你在当一个项目领导的时候,假设有一位 A 君没有参与进来。然后这个项目进行得并不顺利。这时,你会不会这么想:'因为 A 没有好好努力,所以项目才进展不太顺利。'然后就把责任都归结于 A 君身上,不是吗?"

"对啊,这的确就是他的问题啊。"

"是呀。但是小晴,你真的知道自己在说什么吗?"

"小晴觉得'因为 A 君没有好好努力,所以项目进展不顺利'，也就是说'如果 A 君上进努力，这个项目就会顺利进行。也就等于项目是否顺利的关键，掌握在 A 君手里，我没有任何能力'。你的话只是说明了自己的无能而已。"

我陷进了自己设的圈套中，顿时哑口无言。

"如果你能想到 A 君不努力的原因都是因为自己，然后做出行动的话，现状会改变吧？

小晴现在完全被环境支配着，必须去推动环境、改变环境才是。这就是所谓的突破环境的能力。

如果你觉得现在的环境不是你造成的，就真的一步都迈不出去。"

我没有给这些话添油加醋。当时铃木老师的话以及我的回应，至今都深深地烙印在我心中。这也成了我人生道路的指针。

在不学习的孩子面前，不要以为是孩子做错了。请各位家长再好好思考一下。

第 2 章

为了让孩子进步必须知晓的 11 点

🍀 孩子能看到家长在偷懒

"给他准备了专门学习的房间,让他上补习班,给他做营养餐,我们做了这么多,可他还是不学习。"

有很多家长都会如此感叹。

根据我的经验,说出这种话的家长大多存在想在自己应该做的事情上偷懒的潜意识。

这些家长应该做的事情,有单纯的家务,有工作和家务共存,每个家庭都不一样。

但是想让自己的事情"尽量轻松解决""偷工减料"。孩子在某些时候感觉到家长的这些想法,就会体现在自己的生活态度上。

轻松解决的另外一种说法,就是"在需要自己发挥作用的问题上,不认真地去面对它"。

　　这跟为了提高工作效率而下功夫研究从而"轻松解决"这种直面问题的情况是不一样的。

　　这种"轻松解决"的表现可以用"想要逃避"来描述。想逃避分配到自己身上的责任,这代表什么呢?

　　归根到底就是对通过自己做的事情而受惠的人没有敬意。

　　带着敬意做事的人,可以自觉地为别人付出自己的努力和时间。即使觉得"麻烦死了""好辛苦",也会为了别人不吝惜地付出自己的时间和劳动。

　　母亲的心中如果有"能偷懒就偷懒"的想法的话,无论做多少饭菜,对孩子而言那都是偷懒的饭菜。孩子就会像镜子一般反射出这种心情,做出相同的行为。这不仅是面对母亲时的行为,也是孩子终生的生活习惯。

　　我曾经听过一位母亲的亲身经历。

　　她的女儿在上小学的时候,当时的学校有每周轮换去食堂工作的轮岗制度。每周轮值的小朋友要在周末把围裙带回家。在家里洗干净之后,回学校给下一周轮值的小朋友。这时就出现了认真熨围裙和因为忙只是洗洗就叠好的两种情况。

　　"熨围裙的时候,我总不由自主在心里对下一个小孩说'要加油哦'。

　　但是慌慌张张省略了熨烫的步骤,虽然心想'这次就不熨了',可心情也不会太好,总是觉得自己好像哪里'偷懒'了。虽然已经是十年之前的事了,但还是可以回想起来。"

正是如此。

不知道是哪位孩子会穿上自己洗的围裙。但是为了那个未知的孩子,而花费自己的时间和精力,这就是敬意的表达。

母亲熨好了围裙,孩子毫不知情地拿给下一个孩子。他浑然不觉对对方的敬意,甚至可能连敬意的定义都不知道。

但是在内心,已经种下了敬意的种子。虽然还只是种子,但总会在某时开花。

例如,老师说"你每次都把围裙熨好了拿来,替我给你妈妈道个谢"的时候,他就会切实感到"对他人有敬意的时候就会得到感谢",这时种子就会开花。

但是如果没有听到这种感恩的反馈,种子一直在内心沉睡的话,也一定会在未来某个时刻碰到类似的场景。

那时就会明白:"啊,是这样,对对方抱有敬意的话,就好像妈妈那时候熨围裙一样啊。"

我家也发生过这种事情。

妻子多年来一直给全家三个孩子做三餐的便当,所以早上五点就起床了,晚上睡得也早,往往我回家的时候她已经睡了。但是我完全不介意。换句话说,她一直坚持早上五点起来做饭,让我一直怀有感谢之情。

有一天，我这么问妻子：

"是不是你上中学的时候，你妈妈也一直给你做便当？"

然后她回答："嗯，那当然啊。"也就是说她已经耳濡目染，不用别人说"给我做便当"，而是自己就是这么长大的，所以轮到自己去做便当也是自然的事情。相信我们家的女儿将来在同样的位置上，也会这样做便当的。

这种生活习惯是不用语言就可以自然学会的。

🍀 所有的不幸都是因为爱的缺失

正因为自己幸福，才会考虑到别人的幸福。这是不变的法则。

自己不幸福的人，绝对没有让他人幸福的能力。渴得要死的时候，眼前放着一杯水，却把这杯水让给他人的人，基本是不存在的。

如果有人把水先让给别人喝，那他就是真正有道德的人，或者是有强烈心理阴影的人，让人感觉"我都这么牺牲自己了，请你喜欢我一点吧"。

反过来，有的人无论什么东西都喜欢从别人手中抢。

哪怕自己眼前有一杯水，但有人只会盯着别人的杯子，抢过来不让别人喝，自己先喝掉。

想从别人那里夺取爱，让别人顺从自己，让他们认识到自己的重要性。

前者和后者的共同点，就是自己没有得到满足。

这样的两个人见面，就好像欺负人的和被欺负的两个孩子在一起。从第三方看来，是有人被欺负了，但被欺负的人是自己靠近、自愿被伤害的。哪怕周围人忠告他"离那人远一点"，他还是一边答应着"好的"，一边继续靠近，形成了通过歪曲的形态相互补全、相互依存的关系。

实际上被欺负的人是通过自己被欺负，而感到自己的存在价值。这时他有可能是潜意识里认为，对欺负人的一方来说，"你对我做的事情，让你自己高兴了。所以我对你来说，是很重要的人"。

这是不能用善恶判断的事情。这是通过认识事实，来注意到一些东西，学习到一些东西，从而在某方面得到成长的。

我觉得把欺凌"消除"掉，这件事是不可能实现的。

对欺负人和被欺负的双方来说，都存在"爱的缺失"问题。我看着这些孩子们的时候，每每都会有这种感觉。

缺爱的人会采取"夺取爱"或"求得爱"的行动。"夺取爱"的时候，就会成为欺负人的一方，反过来"求得爱"的时候，就会成为被欺负的一方，满足欺凌方的要求，来得到宠爱。双方的共同之处是对爱的饥渴，只是追求爱的形式不同。这两者见面后，就会像七巧板的凹凸一样完美拼合在一起。

"欺凌是欺负人的那方的问题。被欺负的人没有问题。"说这种话的人，实际是犯了很大的错误。

首先，他们的意识是"欺凌是恶"。"因为是坏事，所以必须要全部消除"，依靠这种想法，是不可能解决任何问题的。

前面提到"有战争才理解和平"，所有的事物都是通过阴阳双方存在的，只有阳的一方，事实上是不可能存在的。

话虽如此，也不能放着欺凌现象不管。

首先，危及对方生命安全的欺凌，必须要不惜一切手段阻止。

除此之外，就要开始着眼于欺凌发生的原因。我们在其他问题上都能发现原因，唯独在欺凌这件事上，只关注现象，不关注原因。

不去探究原因，欺凌现象就会屡禁不绝。例如在额头冒出的痘痘上涂药，好了之后又会在脸颊上、下巴上长出来。找到饮食和生活习惯的原因，改善体质才是正道。这也是同样的道理。

❀ 越能干的孩子越拖拉

补习班随时都有家长来咨询教育问题。

其实很多咨询都是关于教育孩子的。特别多的就是"最近我孩子什么都不跟我说了"。从小学高年级开始,这种问题就开始增多。

有人说"这是青春期,也是叛逆期,所以没什么办法",但除了这原因之外,也有孩子主动向家长关闭心门的情况。

这种家庭的家长往往强压给孩子"我理想中的孩子"的印象。

说着"这都是为了你好",不听孩子的意见,从小就让他们学不喜欢的东西,如果做得不好就冲他们发脾气,一直逼迫他们学习。

孩子学习成绩不好的话他们也会生气,然后把孩子们喜欢和重视的东西束之高阁。

　　面对通过成绩来决定对自己态度的家长，想要控制自己的家长，逼迫自己去补习班、莫名其妙地分派自己很多作业的家长，孩子们是不会把心扉敞开的。

　　没有孩子一开始就讨厌家长。孩子们拒绝家长，是出于各自的理由。

　　这个理由必须要问孩子本人，但基本都是因为被伤害才这样的。如果不探究原因，就无法从真正意义上解决问题。

　　但是这需要花很长时间。原本对家长不打开心扉的孩子，对一般意义上的大人也很难打开心扉。即便是跟擅长与孩子沟通的我们，也有很多孩子不愿意说出心里话。

　　不对大人说心里话的孩子基本上都是"好孩子"，表面上感觉非常好接触。他们认真听课，听到命令会面带笑容说"好的"，但是他们内心其实是封闭的。在重点高中里这种孩子尤其多见。

　　另一方面，淘气包型学生在学校就不会这样。

　　淘气的学生心中所想跟所做的行为是一致的。我去过排名比较靠后的学校进行过演讲，发现如果演讲内容没意思，他们马上就会交头接耳、睡觉，甚至离开。

　　实际上，重点学校的"好孩子"更可怕。因为我们看不到他们的内心。我们只看到他们敷衍的样子。他们对家长也是采取敷衍行为，觉得"如果我这么说，妈妈就会满足"。

这种孩子的怒气是发泄不出去的。怒气不断积累，到了极限就会一口气喷发出来。

给这样的孩子一张白纸，让他们"写出来喜欢自己的哪些地方"，很多人都写不出来。不喜欢自己、对自己没有信心的孩子非常多。

"你这里做得不好""再多做一点""为什么总是这样"，家长在对孩子做出种种否定后，还要求"你要有自信心"，这是不可能的事情吧。

如果孩子没有自信，你就应该把类似"真是个沉不下心来的孩子"的感叹改成"真是干脆利落"会比较好。

不要斥责孩子"磨磨蹭蹭"，而是要认同他"真谨慎"。

把缺点换成优点，然后把优缺点合并在一起的孩子才是真正成熟的人。

我经常对学生们这么说："好动有时候会犯下大错，有时候会让你捡回一命，这就是它的两面性，没有什么好坏之分，请大家要爱惜这样的自己。"

此外也说过："你们做自己就可以了，不要按照别人的价值观生活。"但人们还是会按照他人的价值观生活。因为"家长是这么说的"。

这也并不是百分之百的坏事,重要的是平衡。

虽然我对儿子也这么说,但自己也有一部分是活在他人的价值观里的。无论是谁都会如此。只要在社会上生存,就很难完全靠自己百分之百地自由生活。

明白了这一点之后,就可以磨炼自己的价值观。磨炼价值观,就会逐渐不容易动摇,也就很难被其他事物所左右。

与此同时重要的是,不要过分固执于自己的价值观,如果太过偏执,会被社会所排斥,反而让自己孤立。

磨炼自己的价值观,还有一个重要的原因。

物以类聚,人以群分。磨炼自己的价值观,就会吸引跟你相同的人。跟有同感的人一起,会产生出良性的情感联系。

相互依存,认识依赖对方的自己,认识被对方依赖的自己。既有需要信赖别人的地方,也有被信赖被接受的地方,从而共同过上踏实的人生。这是真正意义上的成年人的关系。

构筑这种关系的大前提就是家长自己要喜欢上自己,建立自己的价值观。如果能做到,多少会缓和孩子的"爱的缺失"。

✿ 不要"因为是父母"就颐指气使

孩子们会从自己的父母身上对成年人的本质进行敏感捕捉。

如果表面上父母与子女关系和睦，但家长内心看不起孩子的话，孩子最终一定也会反过来看不起家长。

如果家长不愿意把孩子的话耐心听完，那孩子也必定不会听家长的话。

家长居高临下地认为"我是家长，你必须听我的"，孩子也会想"你要是家长的话，就做出家长的样子来看"。

看到一个孩子，就会明白家长跟孩子平时是怎样接触的了。

家长对孩子居高临下，孩子也必然会看不起他人。

也曾经有好几个孩子跟我说"老师是靠我们赚钱"。当然，这是完全错误的。

前面提到的佐藤芳直先生还讲过这么一段话。

"对教育者来说，顾客不是孩子，也不是监护人，而是社会。为社会打造有为人才，也就是培育被社会接受的人才，这才是教育的使命。"

我认为他说得太正确了。而且，被社会接受的人一定会得到幸福，这就是家长期望的最棒的状态。

"老师的工资都是我们掏的钱。"

说出这种话的孩子们，对金钱的认识本身就是错误的。他们认为金钱只是用来买想买的东西的工具而已。

这是不对的，金钱也是对劳动感恩的证明。

这一点是家长的责任。

有些家长本身对劳动没有敬意。只有作为消费者的意识，对教育也用消费者的感觉来看待，所以孩子也对学校和补习班的老师有"顾客是上帝"的心态，看不起老师。

我讲一个非常有意义的故事。

有一个历史悠久的 A 补习班，每年考上东京大学的学生都有几十个人。

某天，其他县的 B 补习班来到了这里，也是一个有名的升学补习班。

但是 B 在这个地区是初来乍到。他们很想召集学生,做出实际成绩来。因此为了达到目标,实施了授课全部免费的政策。跟成绩无关,一律免费,是不是很不可思议呢?

B 补习班开始免费授课的时候,A 补习班发起了"我们是不是也得免费才行呢"的讨论,这时,A 补习班的经营者说:

"靠质量来决胜负吧。可以先暂时不要涨价,但是也完全没必要降价。或者说是为了保证教育质量而收取了这些费用。"

几年后,B 补习班靠免费政策,最终维持不下去了。当然这其中有经营不善的问题,但还有另外一个更重要的原因。
那就是因为免费而选择 B 补习班的家长们。

"没有什么比免费更好的了,免费的很不错啊",这些家长只因为免费就让孩子们去上课,当然有很多人都是对劳动没有敬意的。

对劳动没有敬意的人,对老师自然也没有敬意,当然孩子也是如此。
随后,就引发了投诉的狂风暴雨。
家长不会因为"是免费的"就降低要求,而是要求"做这个,做那个",不断表达自己的不满。结果教学现场自然是一塌糊涂。

讲师们没有了热情,最重要的是教育质量不断下降。然后那些不是因为免费而来,而是因为"这里的课可能会讲得很好"的家长和学生就会厌烦,就会转到其他补习班去。当然也有很多孩子转到 A 补习班了。

且不说教育是否应该用免费策略,哪怕是教育以外的领域,用免费来吸引顾客,这是最愚蠢的策略。

免费只能吸引免费能吸引到的顾客。最重要的是,这样意味着我们贬低了自己的工作。

大家都是努力生活的人。表达不出敬意的人生,该是多么贫乏的人生啊。

知道尊重工作的孩子,也就知道尊重学习。

不要再看轻孩子,而开始把孩子当作一个真正的人来表达敬意吧。

❀ 热情与愤怒是相悖的

其实,引发看轻孩子的其中一个因素就是家庭暴力(DV, Domestic Violence)。

现如今家庭暴力这个概念已经广为人知,但在我刚开始当老师的时候,大家认为那只是"夫妻吵架"而已。

但是,实际上比单纯的夫妻吵架还要严重得多的暴力还是非常多的。我当了十六年老师,见过很多在家庭暴力环境中成长的孩子。

有的孩子在小时候看到父亲对母亲行使暴力的场面,埋下了心理阴影,之后就以各种后遗症的形式表现出来。

这个男孩子对父亲害怕得不得了,同时又觉得必须要保护好母亲。

这位可怕的父亲也有停止暴力的时候。

那就是孩子拿到全五分满分,在模拟考试中得到好成绩的时候。只有这种时刻,一家人才会其乐融融,一团和气。

这种情况持续下去的结果,就是在孩子心中产生了三种人格。

首先是对父亲极度的愤怒。

然后就是不想让母亲受到伤害,想要保护母亲的那份纯真。

此外,还有为了让家庭圆满,自己绝对不能失败,不能够有做不到的事情的强迫观念。

对他来说,自己的失败等同于世界的终结。因为那样,自己的根基——家庭就会土崩瓦解。

自己不断取得好成绩,得到周围认可,才是唯一可以保护自己和母亲的方法。但是这三种人格也逐渐在破坏他的人生。

他最终成为一名医生。但是仍然有着心理的扭曲和阴影。

他会突然毫无缘由地暴怒起来。有时突然想到猫在路上被车撞死,就止不住地流出眼泪来。这种极端的感情,他自己完全无法控制。

在学医的时候,他也饱受痛苦。

成绩稍微落后,被教授批评说"这部分要从头开始再修正一遍"时,他会感觉受到极大的冲击,认为"我怎么可能没做好",脑海中一片混乱。

每个人都会思考,会产生情绪,但他的"自己绝对不能有做不到的事情"的人格受到了刺激,喷发出无法控制的情绪。

跟人交流,坦然接受他人的意见,带着平稳的心境度过每一天,这些事情对他来说都无法做到。

哪怕是这样想一想,也做不到。用一句话来说,这就是他父母的状态给他带来的伤害。

他为了克服这些问题,体内的三种人格必须要相互承认,相互原谅,相互尊重,才能让这些个性在他身体内存在。

如果可以带着这种感觉生活下去,就可以得到些许升华。

但是几乎所有的人都没能做到升华,在不知道自己为何慌张的情况下东奔西走。这样的话,人生是不会顺心的。

我们老师察觉到孩子们有着某种伤痛时,就会问他们一些过去的事情。

明白"这孩子原来受过这种伤害"的瞬间,就是考虑如何向前推进一步的时候。

这个推进工作非常重要。这是一起学习之前必须要进行的部分。

但不知道该说遗憾还是幸运,这些孩子在当时哪怕没有治愈伤害,也能够学得很好。

究其原因,就是被伤害的愤怒转换成了学习动机。

与愤怒相悖的就是热情和激情。要说热情的人没有愤怒,就好比违反自然法则,是绝对不可能的。

热情用一句话来说就是"燃烧起来的 yes"。

反过来说,对那些不能说 yes 的事情,产生了激烈的 no 情绪。

对于有热情的人,如果有人把"no"强加到他身上的时候,似火的热情就会转化为极度的愤怒。

也就是说,非常热情的人也是会非常愤怒的人。这二者同时在体内,是很正常的现象。

热情的人虽然也会有沉稳的表现,但其本质是不一样的。

例如汽车品牌本田的创始人本田宗一郎先生。

他生来就对清洁、有魅力、良好心态比一般人更加重视。

穿着白色工服工作是本田的传统,他认为如果白色衣服沾上污渍,会看得更清楚,所以通过这种方式来保持清洁。所以如果他看到工人不做清洁工作,使工厂的地面残留黑色油污的话,马上就会飞过来一把扳手。

但曾经有一次,在大学毕业生的平均工资还是一万日元左右的时代,公司花费四亿日元从国外引进了最先进的机器。这台赌上公司命运买入的机器,某天被一位职员弄坏了。职员带着悲壮的心情,想到"这下子公司可要完蛋了,全都是我的错,我怎么负得起这个责任……",随后来到本田的办公室去报告。

他进入办公室后马上道歉说:"非常对不起!"但本田先生张嘴第一句话就是问:"你没有受伤吧?"

"没有受伤。但是机器却毁掉了。"

"没受伤就好,机器还能再买,身体坏了可就没法复原了。"

听到这番话,职员感动不已,哭得泣不成声。

这种摸不透的温柔和魔鬼般的愤怒,正是热情和愤怒共处的自然状态。

家长希望培养出有热情的孩子。另外也希望孩子做一个平和沉稳的人。

但这是谁也没法确定能达到的平衡。

热情的孩子同时也可能有脾气狂躁,表现出奇特的一面。家长是否能认识到这一点,并对这两部分都接受并且"喜欢"呢?

我希望家长能够充分理解,并且觉悟到这一点。

🍀 "阴暗"的孩子体内蕴藏着巨大的可能性

有一些孩子是通过家庭中负面的影响让自己提高成绩的。这些孩子的努力是建立在对"如果成绩不好，家长就不会认可我""如果不做好孩子，爸爸就会责备妈妈"的恐惧上的。

像这样将"被他人承认"的想法作为原动力学习的孩子，其实是在过着他人的人生。

孩子完全不按照个人的意愿生活，他只做周围觉得好的事情，想成为别人口中的好孩子。

所以首先用"你想做什么"来切入，引出孩子自己的意志。

这时的阻碍是孩子自身存在的"不同的自己"，也就是按照其他人价值观生活的自己。首先孩子们必须先把这个自己表达出来。

比如有这么一位女生。

初一的时候她来上我的补习班。她跟老师从来都没有眼神接触。一旦接触了马上就把目光移开,一直以来都是如此。

初三的时候,她终于开始慢慢敞开心扉。然后说出了她在小学时候,因为没有考到理想的成绩,而被父亲用围巾勒住脖子的事情。

"只因为没考好,他就这么对待你吗? 真是太过分了。现在我们说的只有老师和你知道。出了这个房间,老师就会把一切都忘掉,你也忘掉吧。但至少现在要说实话。"

我这么说着,给了她一张白纸。

"把你爸爸当时勒你脖子时候你的感受写下来吧。你当时是什么样的感受呢?"

一开始她写"我没考好,是我不对"。也就是说这不是感受,而是思考的结果。感受和思考是不同的。李小龙的电影里出现过一句话叫"Don't think. Feel(不要去想,去感受)",说的就是这个意思。

但是这时候不能批评她。不能说"这是你思考的结果吧,只把感受写下来"。

要多问几遍。"原来如此,你觉得是因为你没考好的原因啊,我知道了。当时你被勒住脖子,你是什么心情呢?"

"我觉得是我的错。"

这还是在思考状态。

"嗯,你觉得是你的错误。还有吗?"

"我很害怕。"

"你很害怕,还有吗?"

"我很痛苦。"

她的感情逐渐流露出来了。

"是啊,这是你的真实感受。你还感受到其他什么了?"

"我很生气。"

"哦,你非常生气。还有吗?"

"我很难受,我觉得一切都无所谓了。"

这样,她的感情逐渐流露出来。

我说:"勒你脖子的人,跟你是不一样的人,把你想说的说出来就好了。"这时她的眼泪一下子流出来了,同时不断写着。

"我也想对他这么做!"

"为什么我不能这么想!"

"好后悔!"

"好生气!"

"我想杀了他!"

这些话都一口气写了出来。她写得如此彻底,以至于白纸最后都被写满了。最后她长叹一口气,第一次直视我的眼睛:"老师,我会努力学习的。"

"你一直都很努力的,接下来你只要做自己就好。"

我对她这么说。然后她的表情一下子明朗了许多,然后就开始自主学习了。

这是一个成功的例子,虽然事情并不总是这么顺利地发展。但是把孩子们封印在内心深处的想法引导出来的时候,他们就会开始表现出很大的变化。无论是什么样的孩子,都会在以前的生活中背负很多的心理阴影。

原因就在他们的父母身上。当然也可能在学校老师和朋友身上。

如果自己能对心理阴影包容一些,升华一些,就非常好了。

让自己都忘记掉这些,就可以还原孩子本来的面貌。还原真正的自己,会给自己的干劲点燃火种。

🍀 学习能力强的孩子的父母特征

我当老师的补习班上,家庭富裕的孩子占压倒性比例。他们的目标是有着高昂学费的私立中学,这也是很正常的现象。但是这种富裕的状态,很多时候反而会阻碍孩子的成长。

媒体经常报道儿童被虐待的事情,但是损害孩子成长的不只有暴力和放任不管。如果对孩子照顾过多,孩子日后也很可能变成任何生活能力都没有的人。

这种事例太多,我甚至不知道该说哪个好。

例如有位母亲给补习班打电话说:"老师,我们家的孩子今天会带便当去,但他忘带筷子了,他不知道给他上课的老师是哪位,您能在某时某分去教室把筷子给他吗?"

我说"那就让他去办公室拿吧",但母亲说"不行,还是请老师拿到教室里去吧",她说孩子可能会不敢去办公室拿东西。

有的家长说："我们家孩子有些近视,能不能把他换到前排的座位上?"

如果只是这样倒也还好。但他还说："具体坐在哪儿,我现在过去挑一个可以吗?"

哪怕我回答说"让你孩子自己跟老师说一下不就好了吗,老师会考虑的",对方仍然不肯退让,说:"我想亲自决定。"

总之关于孩子的种种事情,家长们都要亲力亲为,全面管理。

他们不考虑孩子的心情,觉得"这样好,就这么定了""我决定的事情不会有错",做出超出必要程度的干涉。

此外还有很多家长在孩子做出反应之前,就把一切都准备好。

集训的时候会详细询问"毛巾要几条?""换洗衣服呢?"等问题。

这些问题让孩子自己思考就可以了。如果不够的话,他们就会知道"下次要多带一些",靠自身的经验得到学习。但这个经验现在被家长没收了。

实际上少带了东西反而会得到更丰富的经验,很多家长都没有认识到这一点。

集训忘了带东西,就只能跟别人借,或者在当地买,就会跟别人交流"你能借给我吗""哪里有卖这个东西的店"。以此为契机，结识朋友和接触陌生人，就可能跟他们成为一生的朋友，人生就会越来越丰富。

拿的东西如果很少，就必须通过人生经验和与他人交流而得到，这样会丰富自己的人格。但是东西太多的话，一个人就够用了，就不会和他人产生关系。这样心灵就会贫瘠。物质的丰富和心灵的丰富是成反比的。

某个电视节目有这样一个特集。

在刚果境内生活的黑猩猩群落中，放上它们吃不完的食物。

这些黑猩猩之前偶尔有争执，但总体是和睦相处的，但放了食物之后，它们开始相互厮杀起来。

物质丰富之后，就没有通过合作来得到食物的必要了。可以自给自足，就不再需要其他人了，其他人甚至会成为不可信的"敌人"，无法进行交流了。

黑猩猩们的精神变得十分贫瘠，我更加确信自己的观点了。

在这里我要说一个让人意外的事实。

在我的记忆中，学习能力强、能对自己的未来有所规划的孩子的母亲，大多数人往坏了说是"无法依赖的"，往好了说是"信赖孩子"。

各位也尝试全面信赖孩子如何？

这样，他们会更快地独立起来。

🍀 自立和依赖，两个都要教

自立是一件非常好的事情，但仅凭此还不够。

某位母亲说："老师，养孩子到底要到什么时候才可以放手呢？"

"刚生下来的小孩什么都不会，必须要全方面照顾他。然后他逐渐长大，孩子的成长已经不是我的认识所能追赶上了，那么到底要一直照顾孩子到什么时候呢？"

具体来说，吃饭的时候拿筷子，吃完了之后洗碗并放好，把洗好的衣服叠好放到抽屉里，初中生可以做到的事情，往往由这些家长无意识地代劳了。

等注意到的时候，有些孩子何止不会做家务，甚至连照顾自己都不会了。

有人说："为这种事情烦恼，本身就有些不好意思，但在合适的时期教孩子应该做的事，真的很困难。"

　　我们家也有同样的问题。孩子要出门旅行的时候,妻子总会不停叮嘱"拿上这个吧,放上那个吧"。这些事情让孩子自己考虑就好了,我说了好几次"不用管他们了",但妻子还是停不了嘴。所以我现在也只能默默看着,心想"这也是生活的一部分……"。

　　养孩子的尺度,在不同家庭里,根据孩子成长速度的不同,都一直在变化。

　　虽然没有一个确定的合适时期,但可以从动物养育孩子的过程中得到启示。

　　猎豹养孩子是到孩子可以自己捕获猎物为止。用自己的脚跑出去,自己捕获猎物。也就是说孩子们可以自己觅食之后,母亲就会把孩子从自己的领地轰出去。

　　轰出去的方法是很激烈的。咬它们,用身体冲撞它们,意思就是"快滚出去"。

　　但是这其中蕴含的感情是很深厚的。

　　在孩子成长的时候,就教它捕获猎物的方法。如何教呢? 它们会把羚羊的孩子活着抓来,放在自己孩子的面前。

　　当然,小羚羊会试图逃跑。然后猎豹的孩子就会追出去,而母亲无动于衷。

等到羚羊真要跑掉的时候,母亲就会一下子冒出来,挡住羚羊,然后再交给自己的孩子。

这样的教育方式,是猎豹自立的第一步。

而人类出生时还是非常不成熟的形态,成长发育也很缓慢。随着文明的发展,可能成长就更缓慢一些。

周围有很多人的帮助,所以成长就没必要那么着急。在野性尚存的非洲部分地区,孩子到了一定的年龄就要举行成年仪式。其中有一些内容让人不忍目睹,但如果因此丧命的话,就说明孩子的生命力本身就很弱,生命力弱的人如果成长起来,将来早晚也会完蛋。

但是在日本这样物质丰富的国家,孩子要靠自己捕获食物的时候,已经是进入公司上班二十多岁的年纪了。

最终家长需要做的到底是什么,说起来只有一件事。

就是让孩子自立。

这也可以说是养育孩子的"出口",从动物世界来看这一点就很清楚了。

但是人类不是猎豹,不是狮子,也不是大象。人类除了"捕获自己的食物"这一点,还有一点无法避开的要素。

那就是"依赖"(当然其他动物也有依赖现象,但是没有人类比重这么大)。

依赖是靠近除了自己的其他事物,虽然这个词可能给人不好的印象,但是人类是不可能靠自己一个人生存的。

制作食物的人,加工的人,制造交通工具的人,运输的人,供给水电煤气的人……正是因为这些其他人的存在,人才能自立。

也就是"依赖并自立"。认识到这点,对人来说,我觉得是最重要的。知道必须依赖他人才能生存的人,就会带有对他人的敬意和感谢。

但是同时,要靠自己来确保自己的生活和工作。只有通过这两方面,作为人类才能自立。

能自立并得到幸福的人,才能成为"让社会接受的人"。

那么如何创造这种状态呢? 在养孩子期间要从哪个阶段开始学习呢?

正如前述,不同孩子和家庭是不一样的。没有正解。只需要创造孩子直面困难的机会就可以了。

所有的家长,比如都会抢先说"集训的地方没有自动售货机,拿瓶水去吧",但是还是不要说这个好。等到他口渴,觉得很痛苦的时候,就会学习到"在自动售货机能马上买到喝的,真是奢侈的事情啊""如果没有卖东西的人,就不能随时买到想要的东西"
等等。

现在的教育,就是家长特意把孩子学习的机会剥夺了。

考试也是如此。为了不断得到好分数,与其强制孩子学习,
不如放任让孩子自己考出一次分数。

拿到自己考出的分数这种后悔的心情,可能就会成为偶然的
学习机会。

✿ 绝境会让孩子和家长都得到成长

直面困难的孩子会成长，这一点已经说过了，要把困难制造出来。我们的补习班每年都会进行夏天集训活动，目的就是"让他们体验绝境的困难"。

把人放在绝境的状态，就可以看到自己的本质。通过五天的集训，把自己放在绝境状态，就可以看到自己的本质了。越过了这道坎，就可以顺利在暑假之后开始学习了。

每天早上六点开始考试。

熄灯在晚上 12 点。

自习室通宵开放，老师会在自习室值班。也有孩子是彻夜学习的。

老师的睡眠时间是三小时。这种情况要连续进行五天。

集训本身就很辛苦，也有人愤怒"是谁想出这种东西来的"，但这是自愿参加的，所以也不能抱怨。到了第五天，我自己也会变得奇怪起来，何止是从早到晚，简直是24小时沉浸在学习中。

但是通过这次集训，孩子们确实会得到改变，会变得更加自信。

在这次困难的集训中，我们也会对监护人开一次说明会。

"仅仅五天内，他们会体验到非比寻常的生活。越过这次困难，到暑假之后，就开始正常的学习了。爸爸和妈妈请一定要充满信心地鼓励他们坚持下去。"

因为集训的强度很大，所以也有孩子身体不适。这时候就要去跟紧急联络人联系。

某一年，有一张申请书的紧急联络人处留了空白。

我感觉不太对头，于是就打电话过去确认。对方说："他集训中应该不会联系我们。"迟疑了一会儿，又说："正好借这个机会，我们家其他人想一起去夏威夷旅游。"我听到这句话，一下子气上心头。

"从现在开始，你们的宝贝儿子要一个人在这艰苦的集训中学习，而你们却要去夏威夷狂欢一场？这想法我个人反正是理解不了。非常抱歉，我已顾不到你们的情绪了。请去别的轻松的补习班吧！"

敬语一下子都不见了。我当时真的很生气，觉得这孩子太可怜了。（现在回想起来，我也没个大人样，太狂躁了，应该好好反省。）

"可爱的儿子要面临艰难困境，我们要注视着他。这就是我们教师的职能。但是为什么你们连在旁边看着他都做不到呢？甚至还要去夏威夷！"当时我是这么想的。

这是一个极端的例子，但我们老师为学生殚精竭虑，花费时间和精力越多，就越能感受到其实很多家庭都是如此。

有的母亲很高兴地说："让孩子上很久的补习班，自己就自由了，可以跟朋友看个电影吃个饭什么的。"还有的母亲把补习班当成托儿所，说："这些天就把他放在你们这里了。"

我所在的初中班课程要求很严格，从小学课程直升到初中课程的孩子几乎没有。大家都口耳相传说"初中课程要求太严格了"。

"夏威夷"事件之后，关于"初中班的孩子家长去夏威夷旅行，惹老师生气"这件事情也有很多人问我。我回答"集训中吗？那肯定是不行的！"他们就会说："啊，真可怕。"

"你们的期望我们会尽量满足。但是我们也不是百分之百地去迎合监护人和学生的。如果不能培养符合社会要求的人才，作为教育者的我们就十分失职。"真正的教育者，应该是理解这些的。

如果要让孩子们认真学习，指导者和家长也一定要有"从现在开始体验严苛学习"的觉悟。

🍀 想提高孩子的成绩，让他们读杂志

人们都说学习能力是"生存力"，如果从课程角度来说的话，语文可以算是基本的学习能力。

从小语文好的孩子，可以说是精神年龄比较大的孩子。语文问题是不能只靠自己的想法去解答的，必须要借用他人的观点，这跟其他科目是不一样的。

说得再通俗点，语文需要角色代入的能力，解读作者意图的能力，以及站在他人立场看问题的能力。否则小说和论文都不可能读懂。

站在他人立场来考虑事物的人就是"大人"。"孩子"是做不到这一点的。

语文好的孩子，在学业上大多都是比较平衡的。大人，即所谓精神年龄大的孩子对压力的耐性较好，所以最后的冲刺会有

效果。

精神年龄小的孩子在走升学考试的独木桥的时候更容易进入恐慌状态,情绪也不够稳定。擅长的科目成绩也会下降。这条法则对绝大部分孩子来说都是适用的。

现在从小学低年级开始,就开始学习英语课程。我个人还不能判断这一趋势的好坏,但有一点是可以确定的,那就是"对外语的理解不可能超过对母语的理解"。首先母语是第一位的。

为了提高语文能力,家长们要做什么呢?

第一个就是让孩子读报刊杂志。如果担心大幅彩照会对孩子有不好的影响,剪下来也无妨。

报刊杂志充满了艺人绯闻、政治家渎职、杀人事件等各种揭露社会错综复杂本质的文章。孩子们越了解"人还有这些侧面",就越能获得他人的观点。

可能有人觉得"报刊杂志什么的太低俗"。但是在考试的问题里面,会有很多涉及人类本质的问题。

比如《奔跑吧!梅勒斯》,恐怕没有几位家长会反对孩子阅读吧。但这个故事所描写的人的心理,孩子们又能读懂多少呢?

有这么一道题。

故事最后,梅勒斯到达朋友要被处死的地方,克服了种种困难,衣服残破不堪。

朋友按照约定,被释放了。梅勒斯和朋友拥抱在一起。他们紧紧相拥，然后在人群中奔跑。衣服破烂的梅勒斯跟全裸差不多了。

这时人群中有一位少女，投给梅勒斯一顶斗篷。

这里有问题了。为什么少女要给梅勒斯斗篷呢？

答案是"不想让自己喜欢的人被其他人看到裸体"。

《奔跑吧！梅勒斯》连小学生都可以读，但这个答案小学生是不会理解的。不想让自己喜欢的人被其他人看到裸体的这种感觉，只有精神年龄比较大的孩子才能理解。初中男生可能也会觉得很难，初中女生应该会有人可以理解。

语文这个学科可以让人看到人生和社会百态。

但只在表面上看故事的话，是不会明白的。所以我才推荐让孩子读报刊杂志。

人类是极度愚蠢、混乱复杂、攻击性强、只为自己生存的生物。

但同时，人类也是祝愿他人幸福，看到他人喜悦自己也会落泪的优秀生物。

从这两个方面都可以理解人类。

有数位家长都在实施我的这个建议，然后他们孩子的语文成绩日益提高。

但是看多了男女之间的八卦，小学四年级的学生就会问："老师恋爱了还是结婚了？在相亲吗?"但这也不要紧。

　　家长要觉悟到这些,不要把孩子包裹起来,而是要让他们看到人的本质。通过让他们阅读就可以实现。

🍀 只要选中了目标，就朝着那个方向前进

我们家对孩子没有任何期待。同时也没有任何悲观想法。只是一直在就事论事。

这一点从孩子出生就没有改变过。可能有人感到"不期待"是一种放任自流、不负责任的做法，但并不是这样。我们只是接受了他本来的样子而已。

我的女儿考上了私立大学的附属高中。我们都觉得她会直接考上这所大学，但某天她说要去考国立大学，我也只是说了"行啊"而已。

我为什么会这么想呢？

因为无论选择哪条道路，都各自有长处和短处。重要的不是苦恼选择 A 还是 B，而是做出选择之后，就要把它当作正确的决定去实践。

　　我跟女儿曾有过如下对话。

　　她是学校管弦乐社团的一员。在一次比赛中,她的学校进入了决赛。

　　决定决赛演奏的曲目时,社团内部在两个曲子的选择上发生了分歧,她来问我:"爸爸觉得怎么办呢?"

　　我没有学过管弦乐,对于曲子我也完全不懂。但我是这么跟女儿说的。

　　"A 和 B 都各自有优点,所以你们的意见才会产生分歧。

　　"爸爸具体不知道它们的优缺点,但是既然都有优缺点,那么选择哪个都是一样的。

　　"重要的是,选择之后全员都要认同它。

　　"决定 A 的时候,主张选 B 的人如果说'选 A 的话一定会输的。我说了选 B,要输了我可不负责哦,我也不会参与练习'的话,那你们一定会输。

　　"所以在最终决定 A 或 B 之前,你们一定要约好,无论结果是哪个,全员都要齐心协力去练习。

　　"最后就可以说'选了这个真好'。说好了这些之后就可以投票了。"

女儿接受了我的意见,直接传达给老师。

老师也同意:"是的,这样没错。"

但是大家仍然在苦恼二选一的问题。

从"选哪个比较有利"的视角来思考,是很难得出结论的,无论选了哪个,都可能会后悔"选另外一个就好了"。

考试也是一样的道理。

可能你会烦恼考 A 校还是 B 校,苦恼的原因就是它们各有优缺点。

但是重要的是,无论选哪个,自己选了之后,就要认真去实践。为了不让自己留下悔恨,集中精力把选择好的事情做好,这是关键。

选择之后,千万不要对孩子说"还是那个更好点"。

因为孩子是相信自己,并且认真努力的。

第 3 章

孩子提高学习成绩的具体方法

🍀 学习的真正目的

很多家长只要看到孩子学习的样子，就感到安心了。但是，孩子那时的内心是怎么想的呢？

我重复说一遍，我曾经多次问孩子"你为什么要学习""为什么考好了会很高兴"等。重复问"为什么"，就可以看到本质了（具体事例参见第 1 章第 1 节"孩子讨厌学习的原因"）。

几乎所有的孩子都会因为"成绩好的话家长会奖励我""会在朋友中占优势"才学习。这完全就是"欲望的本源"。

必须用手术刀深入探索，才能叫作真正的教育。问孩子"如果学习不好，就应该否定这个人吗"，大家都会回答"不"。

但是教育制度并不是如此。制度是靠成绩来排名，来给出评价的。孩子们也深切感受到这一点，但谁都不会说"制度就是这样，成绩不是一切，不用担心"。

首先这就有点不对吧？我向朋友们提出了这个疑问。

重要的不是成绩，不是被家长夸奖，不是比朋友更会学习。

学习这件事是多么丰富多彩啊，应该让孩子们知道这一点。

通过学习而得到喜悦的，只有人。例如刚才提到的猎豹教孩子捕食，只是出于动物的本能。

但我们人类是通过喜悦和充实来了解学习的意义的，并且自己的学习也是为了社会和其他人的生活。

我们的学习和工作是会给后世带来丰富成果的，动物不会知道这一点。要教给孩子，生为因学习而喜悦的人类，本身就是一件值得喜悦的事情。如果不把这教育的根本传授给学生，无论是学校还是补习班都存在着很大的问题。

遗憾的是，我们并不能从"有成绩才算学习"的观念中脱离出来。即使一瞬间觉得"我明白了"，心中的摆钟也会马上再次摇摆。为了不变成这样，家庭一定要给孩子反复传达学习的本质，让他们思考应当做什么。

"我们人类跟狮子打，能赢吗？"我经常这么问孩子。

"街上碰到有狮子跑出来，谁会觉得能赢过它？"

没有人举手。

"在大海里碰到鲨鱼呢？"

没有人说自己能赢。

"鸟呢?"这样问后,有几个孩子说"能赢"了,但他们议论,如果是老鹰或者乌鸦的话,人也是赢不过的吧。

"猴子呢?"

大家仍然沉默。

"仔细想想,动物里面人类其实属于非常弱的类别。那为什么只有人类社会如此发达,你们知道吗?

"因为人类有智慧。智慧创造了现有的一切。

"例如有能连续射击的火箭炮或者来复枪,我们就能保护自己不被狮子攻击。创造这些的就是智慧。你们的生活中接触的全部都是通过人类智慧创造的。

"你们逃避学习,就相当于自己放弃了智慧。但是如果放弃得到智慧,人类就活不下来,只能坐以待毙被其他动物消灭掉。自然界是弱肉强食的世界,没有智慧的人类,对动物来说只是跟普通的肉块没什么区别。

"你们自己推出过勾股定理吗? 没有。但你们早就知道这个定理了,为什么呢?

"因为这是祖辈呕心沥血推理出来并传授给我们的智慧。这就是学习的意义。

"不断延续的人类的巨大智慧是'人类之所以是人类'的原因,是我们能胜过狮子、鲨鱼和大象的唯一的、也是最强的武器。如果不能得到这个武器,你们会怎么样呢?

"人类有合作的力量,现在在群体中被保护着,如果不学习的话,不会马上性命攸关。

"但这个时代不知道会持续到什么时候为止。就像狮子们会争抢领地一样,人类之间也会有战争。所以人类之间发生战争的时候,智慧就可以说是生存的力量。"

孩子们听得很认真。有马上能理解的孩子,也有不怎么能听懂的孩子。但这些话一定要跟孩子们说,这点很重要。

孩子在成长过程中的某个瞬间,可能会突然明白:"啊,当时爸妈说的话原来是这个意思。"

🍀 按照具体→抽象→具体的顺序教授新事物

学习是有诀窍的。其中一个，就是按照具体→抽象→具体的顺序来教。补习班的新老师一定首先要学习这一点。人类首先能接受的是具体，而不是抽象。

例如在英语课上讲"现在完成时是 have(has) 加过去分词"这个公式的老师，还是不成熟的。首先所有的语法都要通过具体例子来说明。因为通过具体例子，才能更了解事物的结构。

"'我曾经在大阪住过'和'我现在住在大阪'，这两者有什么区别呢？是这里有区别吧？这要用英语说的话就是……"像这样通过具体例子说明之后，就可以用抽象理论进行一般化："这里是因为……"

通过一个具体例子教授抽象，就会有很多学生说"老师，具体的还可以这样那样"来把它们联系起来。这是脑子转得快的孩子。为了适应他们的思维，最后也要给出具体例子。

　　刚要说明某个例题"是这样"的时候，学生就会下意识说"啊，老师，我懂了。我已经看过很多次了"。

　　这时教他们"是吗，实际上这个题是有这个套路"之后，他们就会理解"是这么回事"。

　　这是他们初次把具体跟抽象联系在一起。

　　在此基础上说"但是这个结构这样来看，又会有一个具体的例子"的话，这时又有一部分孩子也能懂了。到了这一步，大部分孩子都能明白了。这就是具体→抽象→具体的过程。

　　所有科目都是一样。比如在讲大化改新的时候，说"天皇和豪族的势力关系……"的时候，有很多孩子都不明所以。因此要首先讲"谁攻击了谁"这种具体的事情，然后才说"其实这个背景是……"等抽象的事情。

　　其后还可以说："明白了这个概念，其实之后发生的××之乱也是同样的原因，你们发现了吗？"然后孩子们就懂得用俯瞰的方式来看历史了。讲课如果不带着这种感觉，就只能始于抽象终于抽象，或者始于具体终于具体。

　　观摩授课的时候，请从这个角度来听课。此外，这也是去补习班观摩时一定要确认的要点。

　　这个方法在家庭教育中也适用，有机会的话可以一试。

🍀 反复问"为什么"

孩子们体会了学习的喜悦,开始自己学习的时候,家长也会放下心来了吧。

但放心的时候正是该往下一阶段迈进的时候。这时候有必要"产生并实践新想法"了。

做好这点是很难的,这时孩子所需要磨炼的能力,就是从现有的事物中挑选自己觉得有必要精进的东西,然后创造出新的想法,这样可以积累修炼自身的经验。

这时,家长要做什么呢?

那就是反复问孩子"为什么"。

对"为什么天空是蓝色的"这种问题,也要多问几次"为什么"后再谈到光的折射并延展到宇宙等各种知识。

跟人的关系也是如此。

跟某个人总是处不来的时候，就可以问自己"为什么他要这么说""为什么他要这么做"等，就会注意到"这个人外强中干，实际上内心也很恐惧"。这样就可以通过交流来把他的恐惧卸下，来让人际关系变得更好。

或者感到"想被这个人所爱"的话，就要提供爱，来让人际关系更加融洽。

但是如果抓不住这样的本质，就只会觉得"这人真烦"，然后摆出冷漠的样子，不愉快的感觉不会消失，有时还会被这种感情所摆布。

反复问"为什么"，就能通过分析抓住本质。

家长的职责之一，就是充当孩子与社会的催化剂。在这一点上我们老师也是如此。孩子在踏出成长的下一步时，我们为他们提供关键词作为提示，就可以履行这一职责。

例如可以问孩子"你将来想成为谁那样？"

孩子回答"铃木一郎"的话，就可以细问"为什么想成为他呢"。

"因为他很帅。"

"为什么觉得很帅呢？"

到了这里就会得出一些有趣的答案了。例如"大家都为他尖叫,都关注他",可以继续追问"为什么大家都会关注他呢"。

"因为他打球打得好。"

"那你觉得他为什么击打率那么高呢?"

随着不断询问,最终可以得出"自己建立目标,然后通过自己的努力默默实现,这样的人感觉很帅"这一本质。

此外还有后续,可以让孩子认识现状,问:"那你现在是什么状态呢?"

这就是指导。教育场合经常使用指导这个词。但是谈到具体的指导方法如何利用,就要等到夯实教育基础之后再说了。

教育实际上只有指导还是不够的。必须要通过传授(teaching)和指导(coaching)结合才能成功。

❀ 先有灌输，后有进步

在孩子没有知识的阶段就进行指导，一定会失败的。没有知识的时候即使问他"要怎么做才好呢"，他也不会有好的想法。

在还没有充足知识储备的阶段，首先要通过"传授"来教会他知识。

也就是"灌输"。

有人批判灌输式教育。这种批判中某些部分是正确的，但某些部分完全不如他们所说的那样。

在孩子教育中，最初阶段的灌输教育是必需的。因为脑子没有知识人就不可能思考。不明白"1""2""3"等数字的人，是不会想到微积分的。

开始积累知识后，人类就容易在传授的方面止步不前。

例如我把我所知道的所有知识都传授给孩子，孩子们最多也就是知道的跟我一样多而已。不会出现飞跃。

这时超越知识的就是指导。得到知识的孩子们挑战新事物的时候，自己想创造出什么东西的时候，就可以说"你们自己试试，你觉得怎样做才好呢？"来引导出孩子们的想法。

出现障碍的时候，不要说"这里有问题"，而是要问："你觉得哪里有问题呢？"他们如果回答"不知道有什么问题"，那就可以问"你理想中要做什么？现实怎么样？其中的差别是什么？"

这样来把"问题"具体化，就可以继续问："这个问题需要什么才可以解决？"

家长只需要提问就可以了，指导的"出口"就是自己认识问题、解决问题的"自我指导"，重复这样的模式，就可以达到自我指导的效果。

例如"为了什么而学习"的问题，"接下来要怎么做"的问题，好好询问一番的话，就是很优秀的指导工作了。

首先通过传授来掌握知识，然后通过指导来引导孩子发现各种可能性，这是比较切实的一个流程。

🍀 意识到"制作""打造""创造"的步骤

"做"要分为三个阶段。

首先是"制作"——作业的作。

这一步要把材料给他们,让他们看到完成的形态,教授他们制作方法。补习班的小学生接受的就是这种教育方法。

首先给他们教科书作为材料,然后给他们看学习计划表当作制作方法,给了材料,展示了方法,再给他们看考试合格这一完成形态。这样就齐全了。

在我的补习班考上了顶尖高中的孩子们,就是"根据指示来制作"的孩子。听老师的话,严格执行的孩子就能考上。所以进入顶尖高中的,都是能遵守指示的孩子。

接下来就是"打造",这一阶段也可以得到材料。

但是打造的方法是不一样的。做什么,做成后完成的形态,都要靠自己考虑。这好像在玩游戏一样。给孩子黏土，然后让他"做自己喜欢的东西"。

最后就是"创造"。材料、方法和目标都不给他们。要靠自己来认识问题，为了解决问题来进行考虑，也需要自己想出必要的东西。能做到这点的孩子不仅能考上"超级难"的高中，将来的眼界也很开阔，能成为思维活跃的人才。

刚才描述了"问题"，但人必须要认清现状才能感受到"问题"。而且在没有理想的地方，就不会发生问题。所谓问题，是现状和理想之间的鸿沟。

你到底想要孩子的能力发展到什么程度？如果想要"会学习的孩子"，那完全用"制作"的方法就可以了。

但将来社会需要的力量，并不止于此。

大家觉得是不是也需要"创造"的力量呢？

如果是的话，就让孩子更自由地思考，给他们创造可以不断延展想法的家庭环境。

🍀 沉迷于游戏时，就让他玩个够

家长经常来找我谈："我家孩子光顾着玩游戏，老师你劝劝他吧。"

家长把游戏视作仇敌。但是我的意见却不太一样。
"就让他尽情去玩！"

正因为限制，欲望才不断累积。家长禁止的话，孩子一定会偷偷玩，即使不在家里玩，也会去朋友家玩。

所以就让他彻底玩个三四年吧。某一天他就会突然说"我没兴趣了"，然后马上就不玩了。

某个家庭中，儿子从小学到中学一直喜欢游戏，家人一直让他尽情玩。某一天，他说要做游戏程序员。这就是玩游戏的功劳。

他自己调查了如果想当游戏程序员需要做什么。

首先要去上专业学校。在专业学校需要电脑技术，而且还必须要会使用很多软件。

然后他就开始买学习电脑方面的书，查阅了内容，然后发现学习电脑还需要用到数学，具体一点说是解析学。

书上写着电脑使用的是二进制。"二进制是什么？"然后他就了解了数学。

因为想玩游戏而学数学，已经不是家长和老师让他"学数学"了。自己真正觉得有必要、也想做的事情其中之一就是数学。

然后他的数学成绩突飞猛进。这个速度可不是我们打气就能让他做到的。

通过这一点突破，他的学习得到了全面展开。

也就是说，日常的所有东西都跟学习有了联系。关于这一点，在后面还会详细阐述。

我的儿子非常喜欢口袋妖怪，高一的春天还去看了口袋妖怪的电影。

妻子很担心，觉得"都高中了还看这个"。然后我这么说：

"你看过口袋妖怪吗？"

"我没有看过呀。"

"那个很感人哦，故事也很好，看一下也是不错的。"

"但是他到底要喜欢口袋妖怪到什么时候啊。"

"你这话说的。我高中的时候还喜欢假面骑士呢。还会说'变身'什么的。"

我把自己的陈年往事都翻腾出来了,总之什么都没对孩子说,让他想干什么干什么。那年夏天,儿子果然"顺利"地不喜欢口袋妖怪了,而且是完全失去了兴趣。

有很多家长担心"孩子手机不离手"。但是手机只要不让世界闹得天翻地覆,就没有什么问题。

而且手机本身什么错都没有,不如说是一个方便的工具。

最重要的是,要把手机的好处和坏处都告诉孩子。

我一直在想:"为什么把看到的缺点从一开始就定为恶,不能允许它存在呢?"

没有缺点的人是不会成长的。正因为有缺点,人类才会烦恼,努力克服,然后得到成长。

在孩子因为缺点烦恼之前,家长做的一定不是为了孩子,而是因为不爱"有缺点的孩子"。

也就是出于家长的私心。

暴露缺点的孩子也希望被爱。即使失败了,也要一直陪伴他们。

🍀 找到学习火种的方法

人类生下来之后，在长大的过程中，一定会有心理阴影和阴暗的地方。不能逃避这些。

孩子出问题的时候，他的"阴暗面"一定就会被放大。但如果这个前提是"孩子不能有阴暗的地方""有阴影的孩子就没救了"的话，那可真是不平等的看法。人类被放置在黑暗中才会追求光明。在黑暗中挣扎，带着追求光明的心情，最终获得的光明，那才叫真正的光明。

到那时，人才会懂得什么是幸福，自己获得的光明的温暖会让人感到"啊啊，这就是光明，真是太幸福了"。

没有阴暗，在坦荡的光明中舒适地成长的人，是不会真正懂得光明的温暖的。也就是只有体验光明与阴影，才能最终懂得光明与阴影的本质。

所以不要想着去拯救有阴影的孩子,而是要把光明与阴影的本质教给他。

然后可以跟他说:"痛苦的自己、做不好的自己、愤怒的自己,都好。哭泣的自己、脆弱的自己,也一概欢迎。再也没有这么好的自己了,这全部都是真正的我。你要认同这一点。"

有时还需要家长把自己的脆弱暴露出来。

我曾经跟学生们这么说过:

"你们如果对老师视而不见的话,我也会伤心。但是我不会逃避去看这个受伤的自己。被学生置若罔闻的自己才是真正的自己。承认了这一点,我就能明白接下来做什么,到底想做什么了。"

讲完这些话,孩子们就会逐渐向我袒露心声了。

"老师,我感觉好一些了。"

"我就是我。"说着这话,他的表情也变得柔和了。

有这样一位少年。

他学习很好,家长一直都说"你将来就当医生吧",他自己完全是在为父母的价值观而活。他父母虽然都不是医生,但从儿子小时候就觉得他将来理所应当是医生,对孩子做医生怀抱着憧憬,也一直这么教育他。

但是他的内心空虚,感情也很敷衍,心思混乱。通过跟我的谈话,他发现了活在父母的价值观中是件很痛苦很吃力的事情。承认这一点后,他内心自己的意愿才开始发芽。

某天,他跟我说:"老师,我还是想做医生。"

我说:"你这几天不是考虑过吗,当医生是你父母想让你做的未来的事情。"然后他说:"嗯,结论是这个。我不想再过别人的人生了。然后我就按照老师你说的那样,考虑了自己将来要做什么。"

他的话已经说到这种程度,那么倾听他的话就是当务之急。我当时其实正在参加一个重要的会议,但还是拜托同事替我出席,我去倾听他说话。在这种可以改变一个孩子人生的瞬间,我们是不能逃开的。

"我考虑过了。但是,老师,我还是想当医生。"

"为什么呢?"

"我觉得有很多人的心情都跟我一样,很苦恼,人生被弄得很混乱。如果我当了医生,就可以拯救这些人。救了这些人,我也就可以直面自己。"

"是这样啊,这才是你自己的人生。这才是你自己选择的第一志愿'医学院'。"

到这一步就是真正的内容,那就是"学习的火种"。

　　并不是要被别人说了之后而决定填报医学志愿。虽然结果都是选择了医学院，但这是完全不一样的。最终真的当上医生后，作为医生的人生本身就会产生变化。

　　支持孩子发现火种的，正应该是父母。

❀ 在孩子碰壁的时候

有的家长是看不到孩子真正的样子的。

有孩子说:"老师,我想去弹涂鱼动物王国!"

我问:"哦! 弹涂鱼王国还是很棒的。为什么想去呢?"他眼睛闪着光说:"看了电视之后很激动。弹涂鱼王国里面可以跟各种动物在一起,和各种生命在一起,有很多很棒的地方。"

在这里一定要继续问"为什么""你在那里想做什么"。

然后他就会说出来自己"喜欢动物从生到死的全部过程,对这一切都想带着喜爱之情参与其中"的意愿。

他为了了解动物,就必须要学生物,于是就把理科的选择科目从物理和化学转变成了生物和化学。

几个月之后,他认真提出自己"想当兽医"。

他的父母震惊了。

父亲是内科医生,母亲是外科医生,两个人都坚信儿子会跟自己一样成为医生,因此他们十分愤怒:"为什么要当兽医呢?"

接下来就轮到我出场了,我请他们二位来到补习班,进行了谈话。

"为什么不能当兽医呢?"

"不行,因为孩子不是要给人看病,而是要给动物看病。"

"那为什么兽医就不行呢?请说出一个能让我接受的理由。难道是说动物的命比人命要轻?"

被正面这么一说,父母二人都感到很不高兴,沉默了。

"我和你们的儿子都想听到能接受的理由。因为爸爸和妈妈都是给人看病的医生,所以不想让儿子给动物看病,是这么回事吗?"

他们仍然沉默。

这时必须要把话说清楚。

"如果是这样的话,作为教育者,我有些话要跟你们说。你们的儿子不是你们操纵的人偶。假设他当了兽医,有一天救活了牧场的牛,然后会有很多人的生活因此而变得幸福。这难道不就相当于间接救了人的命吗?"

持续讲着道理的时候,母亲说:"老师,话虽如此……"但是父亲坚持说:"我不允许!"

到这里我就不能再说了。这已经越权了。这时我改天又找他们的儿子谈话。

"可能你的爸爸妈妈因为他们自己出生成长的环境的原因，会对你当兽医这件事进行一些阻挠。虽然还不至于到影响你学习的地步，但是他们会等待时机问你'你不再考虑一下吗'，在你通往兽医的路上阻碍你。"

接下来的话很重要。

"但是，说出反对意见的这些'讨厌的人'，往往是在某个绝妙的时机，肩负非常重要的使命出现。你一定要知道这一点。"

"你的爸爸妈妈目前就起到了这个作用。无论走哪条路，都有障碍。越过障碍，才能实现下一个飞跃。

"所以就越过障碍物吧。作为父母，这个障碍物从侧面可能还起到了辅助你的作用。你应该感谢他们。无论走哪条路，在了解这件事之后再选择的话，就不会后悔。"

大家的人生中也有想做的事，而这时也会有人阻碍在你们面前吧？因为这个人的存在，而改变目标学校和工作单位，离开原来的团体、闯入新的人际关系的情况恐怕也有吧？

这样就会见到新的人，也会得到成长。所以"讨厌的人"出现的时候就是这样的机会。

"讨厌的人"是带着"促使你成长"的作用出现的。也就是说,他并不是你战斗的敌方,而是感谢的对象。哪怕当时不这么想,今后回顾人生的时候也一定这么觉得。也把这个认识传达给孩子们如何?

孩子碰到障碍时,亲人不要来破坏、除掉障碍,而是要当作让孩子成长的契机,鼓励他们去跨越和成长。

🍀 科目的擅长与否,在小学高年级时决定

基本上孩子们都有擅长和不擅长的科目。这是在小学高年级的时候决定的。

其理由基本上都是一些小事。比如被老师表扬了,就喜欢上了这个学科;反过来,被贬得一文不值,可能就会产生反感情绪。

我自己讨厌英语的理由就是这样。

那是小学高年级的事情。当时距离我家稍微有一点距离的地方,有一家补习班。老师是一位英语为母语且说得很流利的女老师。当时英语班正在流行,有很多学生都来了。

但是那个老师的教学方法是,会在所有学生面前,把记不住单词的学生骂得狗血淋头。

考试成绩不好的话,不光要挨骂,还会挨打。她总是带着一个比较锋利的戒指敲学生头,还会根据错题的数目打学生耳光。

我总是挨打,脸上都会渗出血来。她就是用这种"惩戒"方法来上课的。

现在让我来说的话,即使英语说得很流利,教育手法未免也太粗暴了。但是当时的孩子们只能顺从老师。补习班每周六上课,于是每到周六我就害怕不已,害怕再次承受那个痛苦。

我也逃课好几次,然后老师的电话就会打到家里来,母亲就会出门找我。找到我之后,就会拎着我的脖子回到补习班。然后我又会被打一顿。

母亲也是那种会说"快好好学习吧"的人,所以当时情况很糟糕(当然,没有学习也是我的不对……)。这种情况持续下去之后,英语就成了我最讨厌的科目,所以我完全就不学了。

到了小学六年级,我就干脆自暴自弃了。怎么说也不去补习班,母亲没办法,就不再勉强我了。

这个故事还有后续。

因为我接受了这样的斯巴达式教育,上初中之后开始学英语,刚开始的时候感觉非常简单,我就觉得"英语太轻松了"而看轻了它,等到察觉的时候,发现已经完全跟不上了。

我就在这种状态下去考大学。"那为什么去考同志社大学(创校时为英语学校)呢?"其实我是被数学救了。

我最喜欢的科目就是数学。

初二的时候,教我数学的山内老师在发试卷的时候跟我说:"木下君,你的数学感觉很好,肯定能学好的! 你的数学成绩将来一定会越来越好。"当时考试的满分是 50,我考了 46,是班里第一名。

然后同学们都纷纷说:"木下,你可真厉害,考了 46 分! 也教教我数学吧。"从那以后,我就喜欢上了数学,尤其是几何,还写过两本几何的教辅书,现在最喜欢的也是几何。

我考上同志社大学的商学部,当时去考的其他学生们选的几乎都是英语、语文和社会学。社会学方面他们选的几乎也都是日本史或者世界史。但是除了社会学,还可以考数学。我毫不犹豫地选了数学。当时预备学校的老师说过,选数学的考生几乎没有,所以判卷老师也几乎没什么准备,所以判分成了大问题,如果很多人都选数学的话,那对他们而言一定很成问题。

在这样的背景下,我当时考的同志社大学的数学卷子结构非同一般,居然只用了三四道大题、满分 150 分这样的设定。日本史和世界史都有将近一百道题,一个问题只占一到两分。但是数学 150 分满分的话,一个大题就要占四五十分,只要有一个题做不出来就算考砸了,简直是像赌博一样的考试。但是我喜欢数学嘛,所以很有自信。

考日本史和世界史的话,有很多竞争者,合格率也比较低。我英语差成那样,也不用提了。所以我最终是被数学拯救了,而这都归功于初中山内老师的寥寥数语。

几句话就可以对学习产生巨大的影响。教师的一句话就会产生影响,所以可以想象家里的父母的话就更加重要了。不过分地说,是毁了孩子,还是让孩子成长,完全在于家长一句话。

❁ 填报志愿时需要用"做决定的方法"

选择要考的学校时多少会有些迷茫,但做最后决定的话,到底要以什么标准为好呢?

大多数人的选择风险比较高。

"A 高中是我的第一志愿,但从数据来看合格率刚过 60% 。B 高中的话超过 80% 。这样比较安全,应该选 B 高中,但是根据教学水平来看还是应该选 A 高中。这风险到底哪个更高呢?"

但是这样的思考方法缺乏最重要的一个视角,那是什么呢?

这在第 2 章已经讲过了,选择了一个目标的同时,就代表要舍弃另一个。

所以,假设选了风险较高的第一志愿 A 高中,赌上胜负,然后合格了。那就会百分之百的高兴了吗? 这也不一定。

进了 A 高中,就会丢失可以在 B 高中得到的经验和学到的东西。而且你可能跟 B 高中的孩子更合得来。我们永远不知道在哪个学校才能度过更充实的时间。

无论选哪个，都是有得有失的。

所以选择之后就要想"选了这个真好"，然后做出相符的行动，这一点很重要。

在"选择之后"一定要跟孩子谈一谈。

有这么一个例子。

"我真的很想去 A 高中，但最后去了 B 高中。本应该进 A 的，结果却是 B。啊，这个学校比我档次低多了，我真惨啊……"

一直看不起周围的人，向外走出一步都觉得自卑，甚至连跟 A 学校的学生见面说话都做不到。

这样的高中生活太糟糕了，交不到朋友，因为看不起别人，所以学习也不努力，得不到好成绩。但是这些都是"B 高中的错"。

那么假设这个孩子去了 A 高中，就真的会一帆风顺吗？应该也不会。

"我努力考上了 A 高中。可如果我去了 B 高中，那我就是失败者。"还是会一样看不起 B 高中。

所以说，关键的是，无论去 A 还是 B，都要带着这样的想法"我是靠机缘来到了这里，如果去了另一家高中，可能就体会不到在这家高中的事情了！所以我要好好充实学习生活，让自己创造出不会后悔的回忆！"

这就是"做决定的方法"。

我一直反复跟学生强调："确定好一个志愿后，就是舍弃了其他的东西。"也就是要切断不舍的心情。

让孩子彻底意识到"之后就只能朝着一个方向努力了，再也没有其他的了"，今后的心境就不会动摇。

绝对不要让他们说出"老师，我考虑过了，还是拿不定主意……"这种话。所以从一开始就向孩子们宣布决定的期限，在那之前做出决定。然后单独跟孩子谈话。

"最终在×月×日要做出决定考哪个学校，现在还剩×天，距离考试还有×天。"

"人在这么短的时间，就可以成长。"

"根据周围人的成长和自己的成长差异，最终会决定考试是否能合格。根据你的成长，两个月之后看看会提高到什么程度，先看一下这个范围内哪些学校是能考上的。"

"但是你自己到底是怎样的呢？能学得更好吗？如果还可以继续提高，那也可以把视野放宽。"

"但这不是通过你个人的绝对评价决定的，周围人也在努力，你不知道周围人会提高多少。"

"现在我们说的数据最多只是推测。在推测的基础上选择，选择之后就不能再改变了。"

话说得很严厉，但却把意思真正传达出去了。

大人如果把话说得这么认真，孩子们也会认真听取，做好准备。

但是，家长往往是动摇的一方。孩子决定之后，他们还会说些多余的话。

"老师，看现在这个成绩，可能考不上吧？"

"这位妈妈，请想一下您的孩子在四十天之后能提高到什么程度就好了。"

"我承认他会提高的，但是如果没提高，那可怎么办呢？"

"不，就按照能提高的那样去做就可以了。"

"不不不，但如果真没提高呢……"

这样就已经在战争之前认输了。

我一直忍耐着跟这位母亲对话，最后说了一句安东尼奥·猪木的名言：

"怎么会有人在战斗之前就考虑输了之后的事情！"

这是源于一个有名的小故事。有一次记者在猪木比赛前的准备室采访他问:"猪木先生,如果您这次输了的话,就可以说是胜负的运气⋯⋯"

这个瞬间,猪木突然怒吼:"得是什么样的白痴才会在出场之前想到输了的事情!你给我出去!"

这句话真是绝妙。明明是为了赢而做的,如果有时间考虑输的事情,还不如继续默默努力就好。这种心态应该排在第一位。

在我的补习班上,考试一个月之前出现任何情况都不要紧,即使突然有人说明天就考试了,他们的状态也不会有任何问题。

首先他们的学习肯定都没问题,而且在最后的一个月要带着"一定会赢,只能赢"的心态继续冲刺。

为了保持这种强大的情绪,"做决定的方法"十分重要。

刚才说过,家长是不能动摇的。请相信孩子。为了让孩子彻底发挥他们自己的能力,需要一个不会动摇的家庭环境。

第 4 章

让讨厌学习的孩子爱上学习的方法

❁ 像玩游戏一样设定限制时间

我所在的补习班教的课程是从初一到初二上半学期。到了初二,学校的所有新课程就会结束,最后的一年就是彻底为中考而复习。然后在初三冬天——考试的三个月之前,让学生随机做各种试题。

现在文部科学省规定的初中学习指导大纲中,恕我直言,内容真是太少了。

稍微强迫人做一些做不到的事情,会让他一下子提高很多。

成长期的孩子就更是如此。

我们在大黑板上写满了板书然后讲解的时候,这个过程中绝对不要让学生做笔记。

讲解完毕后,会让学生们问问题,老师边回答提问,边继续在黑板的空隙处写满内容。这期间也不让学生做笔记。

等到所有问题都回答完之后,才说"好,现在可以记了"。一般来说慢慢写的话,十分钟总可以写完了。

但一开始我们会说"给你们五分钟时间",孩子们肯定会感到惊讶。但是不要管他们的惊呼声,边看表把控时间,边倒数计时说"还剩四分五十六秒",这时大家就会认真做起笔记来。

五分钟后,马上把黑板擦得干干净净。使用这个方法进行四五次后,他们在五分钟之内就完全可以写完了。然后可以把时间限制在三分钟,然后是两分钟。

之后会发生什么呢?学生们会只把自己不明白的部分和认为重要的部分写下来。自己能领悟的内容就不会写,只挑重点记。这样的话一分钟也是足够了。

这就是成长。

当然,也有孩子不能马上学会这种记笔记方法。
但是不用担心,只要问他一句话就可以了。
"板书上写的你都不明白吗?"
"有的能明白。"
"那就没必要把很明白的内容写下来了,只把你不懂的和觉得重要的地方写下来就可以了。"

这样他下次就能学会了。

而且理解的内容就不写在笔记本上，这样就不会不听老师讲课了，这也跟提高注意力联系了起来。

孩子们这么强大的成长能力，文科省恐怕并不知晓。我甚至怀疑指导大纲是没有教过课的人编写的。

所以他们可能才会想"慢慢教的话孩子的学习能力就会提高"。不对。速度越快孩子就越能跟得上。

他们会努力思考，除去那些有必要靠自己创造的领域，所谓的"会学习"就是提高信息处理的能力。把老师说的信息妥善整理好、精细检查、提高效率。这就是处理能力高的表现。这个领域并没有创造性的东西，只要多做练习，就会很娴熟。

在家里也可以尝试用这个方法。

无论是算术还是汉字练习，把时间缩短，孩子的学习能力就会不断提高。限制时间，就跟集中精力玩游戏一样，能学得越来越好。

❀ 学会"比例"就不会讨厌算术

孩子学习的根基是在幼儿期的教育,也就是家庭教育。

家庭教育中最重要的就是"读写算",这个要彻底教好。到小学二年级之前,只教这个其实也就够了。

加上算盘的话也不错。心算也可以。这个也可以说是读写算盘,但这里还是写作"读写算"吧。

如果这个基础打好,成绩就会像二次曲线一样上升。如果大意马虎的话,将来就可能摔一跤。

孩子容易摔跤的有这么几个地方。大部分的孩子首先会在"比例"上感到迷惑。这是现在小学四五年级学习的内容。

"比例"中有比较量、原来量和比例这三种数,读写算的基础如果没有打好,就理解不了这个概念。

当然也不是不能挽回，下面用一个具体例子来说明吧。

比如在黑板上画一块蛋糕，问："老师拿二分之一，你拿二分之一，这能听懂吧？"孩子都会说："嗯嗯，能听懂。"

然后画两个大小不一样的蛋糕，说"老师拿大的那个蛋糕的二分之一，你们拿小的那个蛋糕的二分之一"，孩子们就会说"老师你好坏"。

"为什么？ 不都是二分之一吗？"

"原来它们的大小就不一样。"

"是吗，这就代表总体量。"

如果只在黑板上写数字，会有孩子完全跟不上，但如果给出具体例子，他们就会一下子明白。

读写算的基础打得不牢靠的话，孩子还能有提高吗？ 原本是要看教师水平，但很遗憾，最近教师除了教学以外，还增加了很多其他工作，没有给孩子锻炼这个技能的时间，非常遗憾。

扯远了。不懂算术中"比例"的孩子，就可以用"食盐水"来进行说明。食盐水也是按照"比例"制作的。之后的数学题目全部都跟这个概念有关，所以"比例"的概念非常重要。

所以如果不能理解"比例"的意思，之后的内容全部都跟不上。

这样的话，孩子们首先就会开始讨厌算术。算术和数学的性质虽然不完全相同，但"讨厌算术，不擅长算术"的孩子们喜欢上数学的概率也肯定不高。他们会一直带着不擅长的意识接触数学。

　　为了不讨厌算术，一定要好好理解"比例"的概念。这是根据幼儿期做过多少读写算而决定的。

🍀 讨厌算术不等同于讨厌数学

那么,如果不改变"不擅长算术"的意识,进入初中之后,孩子们会一直带着不擅长数学的意识继续下去。

接下来就是我们补习班老师登场了。首先要传达给他们的是:算术和数学是不同的两种学科。

算术是需要思考出算式并计算的。算式也是普通的基础计算。无论多难的问题,只要列出算式来,剩下的算术计算就非常简单了。

另一方面,数学可以全部置换成问题。比如可以用鹤龟同笼的问题来说明。

"仙鹤和乌龟一共三十只,一共有一百只脚。那么有几只仙鹤,几只乌龟?"

从算术角度考虑的话就会这么想。首先,假设三十只都是乌龟。但实际上的脚只有一百只,假设跟实际有差别。这种非跳跃性的思维是费力气的。算式就是$(30×4-100)÷2$,计算就很简单了。

数学不需要费力思考算式,但需要解算式的能力。假设仙鹤为 x,乌龟为 y,那么就用 $x+y=30, 2x+4y=100$ 这种方程去解。也就是费力的地方不一样。

我是这样解释的。

"你们之前做的是全部假设为仙鹤,或者全部假设为乌龟,这是不合常理的想法。

"我们接下来学的是跟这个完全不一样的。要从解方程的学习开始。所以算术跟数学的区别很大。解方程通过训练,任何人都能解出来。所以不擅长算术的人现在也可以放心了。"

这样来开始训练。但是最终还是需要"读写算"。解方程也需要阅读能力和计算能力,所以幼儿期的读写算训练仍然很重要。

🍀 家长也要反复问自己"为什么"

虽然这样显得很啰唆,但因为真的很重要,所以我再说一遍。

不要只问孩子"为什么",家长也要经常问自己"为什么"。

很多家长都跟孩子说"要好好学习"。但其中大多人实质上都是"想让自己的孩子当一个学习好的孩子""想让孩子成为在社会上成功、不让家长蒙羞的孩子",都是出于自私的心理。

之前介绍过,靠家长价值观生活的孩子早晚会陷入动摇状态。他们不知道学习的意义,稍微碰到点阻碍就会产生很大动摇,缺乏自信。这时候家长和孩子都会产生很不好的想法。最后的结局就是,孩子讨厌起了学习。

为了避免这种情况,你需要明白,作为家长,自己为什么想让孩子学习,真正期待孩子能做到什么,也就是向孩子要求这些东西的原因的"本质"是什么。

通过抓住本质，在面对"不喜欢学习"的孩子以及考试分数这种眼前的结果和现象时，才能控制自己，不喜怒无常，稳定好情绪。

家长心态稳定了，孩子也会跟着稳定，不会动摇自己。

平时，家庭成员也要重视认识事物的"本质"。

比如，全家计划一次两天一夜的小木屋露天烧烤旅行。这不是什么大事，但也可以问："为什么想去旅行呢？"

"因为全家想一起去旅行。"

"为什么？"

"因为会很开心。"

"为什么会觉得开心呢？"

"在家里大家都有各自要做的事，没有慢慢吃饭聊天的时间。"

"为什么你觉得慢慢吃饭聊天就会很开心呢？"

这么一直问下去，最终得出的答案就是"跟大家一起度过愉快的时光，会增进家人的感情"。

然后就可以说："那一定要在旅行中记得这一点，这是我们的目标哦。"

牢牢把握目的，跟孩子们一起共享时间，最后所有人都会共同度过愉快的时光。

接下来这个情景在很多家庭都会出现。

在到达目的地之后的晚上，大家一起打扑克牌。一开始大家都兴致盎然，但一直输掉的孩子就会大叫"我不玩了"，然后兄弟就打了起来。母亲劝说也没有效果，最后父亲怒斥孩子们，所有人都哭了。原本开心的旅行最终就这么毁掉了。

家庭全员都抱着同一个目的，就可以避免这种情况。

"我们是为什么而来的？"

"是为了赢扑克？是为了输的时候生气？"

"都不是。是为了增加大家的感情，度过愉快的时光而来的。所以我们才在打扑克。"

只要明白这些，就不会只看眼前的胜负而喜怒无常了。

"重复询问'为什么'，抓住本质"的做法在日常生活中持续进行，孩子们就会慢慢喜欢上学习了。

然后家长也会发生变化。

孩子学习的理由是为了成长、为了得到生存的能力，所以即使有时孩子的成绩不好，家长也不会因此而过于激动。至少不要因为成绩不好就发怒，说出伤害孩子心灵的话来。

　　家长和孩子可以一同或者各自反复问自己"为什么",从而抓住事物的本质。

🍀 让孩子尽情去做喜欢的事情

前面的内容中提到,世界上的所有事情都能跟学习联系起来。我再说几个具体的例子吧。

根据"是否把学习当作目的",每个人的动机就会完全不同。

当然对成绩也有影响。找到目的的孩子不会跟其他的孩子比较,偶尔状态不好的时候自己也不会动摇。

所以,如果想让孩子喜欢上学习,首先就要把孩子学习的"目的"牢牢把握住。

具体要怎么做呢?

有一个方法,就是让他经历各种各样的事情。

足球、潜水、蹦极、跳伞、登山、长笛、绘画、料理……让他做能体验的一切事情。如果孩子喜欢看电影,就让他跟朋友一起拍个电影也可以。

经历过这些后,会出现什么情况呢?

一定会出现"这个好好玩"这句话。这也没关系。因为他们觉得有趣的东西,都会在苦思冥想之后与学校的学习联系在一起。

再具体一点,可以与学习做比较来进行说明。

比如有的孩子虽然喜欢电脑,但讨厌数学和英语。为了让孩子喜欢上数学和英语,应该怎么办呢?那就是让他去深入地研究电脑,直到成年人所工作的专业领域为止。

孩子对电脑有兴趣,就会不断去推动它。然后一定会在某个地方发现需要数学知识,也必须要阅读英语的文献才可以继续学习。

接下来他就会拼命学习数学和英语,因为这样才能更理解电脑领域,这都是为了学电脑。然后略微理解了数学和英语文献的话,他就会感受到有成果的喜悦。这样不断研究过程中,就会喜欢上数学和英语了。

就是这样,所有学科都可以如此联系起来。

世界上的种种体验全都需要知识。这些浓缩的知识在学校中只有五个学科类别。为了生存下去,就需要必要的知识,无论社会如何发展都不会消失,而是能存活下来。这些是生存下去的必需科目。

这里也需要"家长的觉悟"。

想要让孩子们体验各种经历,有的是伴随危险的,即使进行安全的正常活动时,你也可能会想"跟不上学校的学习了""如果出事的话怎么办"等等。

如果不想"如果最后出事的话也没办法,但是现在需要让孩子以学习的目的去体验"的话,就绝对不能实现真正的挑战。

比如上了高中之后,就可以给他两张往返美国的机票,说"去美国待一个月吧"。

恐怕他在去的飞机上就会因为寂寞难耐而哭泣起来。可能还会害怕"不会活着回来了"。

但是,估计他是死不了的。被卷入犯罪事件的可能性也不是完全没有,但是恐怕概率也很低吧。还是能学到东西的可能性更大些。

学习从在飞机上就开始了。

飞机餐送来的时候,乘务员就会用英语问"鸡肉还是鱼肉",但是跟学校学到的英语发音不一样,所以他可能听不懂。乘务员觉察到这一点,就会让他用手指菜单。

首先学会的就是吃飞机餐的时候如何选菜单。这样一项项地进行下去,他就会不断学到新东西。

到了美国之后,也没有任何目标。今晚要住在哪里呢? 向谁寻求帮助都不合适。结结巴巴地说英语,或者用笔交流,不断询问周围的人,向别人低头。哪怕买一个面包,都要跟别人打交道。

这样过了一个月之后回来,英语已经说得非常流利,为人处事也更加成熟了。

这个例子有些极端,但是做到这一步的觉悟也是有必要的。

虽说极端,但对高中生来说是非常可行的。小学生和初中生则要根据年龄而采取不同的做法。

比如家庭旅行的时候,让他做所有的旅行计划。而且每天只能用一千日元,让他考虑尽量用更少的钱获得更好的旅行体验。

或者一周给他三千日元的钱,从菜单到买东西、做饭都让他负责。料理跟化学有关系,他就会学到生活中的化学知识,比如为什么马铃薯淀粉不溶于热水,菠萝为什么会使肉变嫩,等等。

家长没有必要片刻不离左右地教导。只要把孩子放置在能让他体验没有体验过的事情、还可以做得好的环境中就可以了。

这样孩子们学到的东西,会是家长教的百倍。但是很多的家长就是忍不住要插嘴插手。把菜刀收起来说"切到手很危险",不让点火时就说"起火灾了就麻烦了",在孩子跌倒之前先把拐杖拿出来,不让他跌倒。

这样会对孩子的成长有明显的阻碍作用。

✿ 让热爱运动的孩子爱上学习

"我想当棒球运动员""有时间学习的话还不如去踢球""我将来是要跳舞的,跟语文和数学成绩没关系"。

对未来有具体目标的孩子会这么说,真是一点也不稀奇。这时,家长要怎么回应才好呢?

一定要告诉孩子的是,无论什么职业都不能缺少知识。

刚才已经反复说过,棒球、足球和舞蹈等要做好的话,需要物理和数学知识,还有洞察力和信息处理能力等。

就拿棒球为例来说吧。

打者向右外场击球时,左场手会怎么做呢? 对左场手来说,球虽然是往离自己最远的地方飞去,但这时他还有一个职责,就是做好补位。

　　而且必须要在不同状况下，瞬间判断去哪个位置补位，这就需要信息处理能力。

　　对尝试打棒球、喜欢棒球、想打得更好的孩子，家长和老师说"通过学习，你将来的选择范围会更广"，会给他数百倍的力量。

　　所以孩子喜欢上一项运动，说只想干这个，其他都不想做的时候，我们只要这么说就可："是吗，那就尽情打吧。但是你现在做的事情，如果再深入研究的话，就需要学到物理，其实跟生理学也有一定关系，欧美还在进行这方面的研究。而且你可能将来还要用英语来接受训练。如果学好了这些，你绝对能干得更好。"

　　然后孩子就会自己主动去学习。

🍀 提高家长的经验值

要想教给孩子学习的乐趣所在，家长自身必须先清楚。

比如，大家知道音乐和数学是同一种东西吗？传说最初发明西洋乐音阶的人是毕达哥拉斯。普通的音阶就是哆来咪发唆这种符号，但是为什么是这样决定的呢？这就需要从数学方面来研究了。人听了感到舒服的和弦，可以用简单的整数比来表示。再深入一点说，就相当于自然音阶中的和谐数列。说得极端点，音乐家可以说都是数学家。特别是文艺复兴时期的艺术家们，都是跟数学和物理学以及天文学家互通的。

实际上哲学是一切理论的基础。从哲学诞生了艺术和数学，还有物理和天文学。通过哲学，可以把所有学科都联系在一起，这可以说是现代的学习。

我参观过德岛县鸣门市的大冢国际美术馆。那里有莱昂纳

144

多·达·芬奇的《最后的晚餐》的复制品。距离十米开外才能看全整幅画。

研究员给我们做了解说。

首先向左缓缓走,然后向右走,然后感觉墙壁也是跟着你一起移动的。一起参观的人们都非常惊讶。

这就是一点透视法。使用这种方法,平面的画看起来也像是立体的一样。这利用到了几何学。

我希望家长都可以把这些有趣的事情告诉孩子。这样家长就要比孩子更多地领略到各种体验、各种有趣的事情,然后将它们吸收。

从经验得出的话显然还没有说服力。例如去这个美术馆,被作品的精彩所打动还不够,一定要把它"为什么精彩"用语言表达出来。要把这种被打动的情绪传达给孩子。

孩子们吵架的时候,就可以问他们"我什么时候说过这种话?是地球转了多少天的时候?"

然后可以跟孩子一起计算。从生命诞生开始地球转了多少圈,到恐龙灭绝、人类诞生、江户幕府成立等方面都可以说,让他们产生对生物和历史的兴趣。

家长的言行,会让孩子真切感受到学习的乐趣。

✿ 支持孩子当饺子店老板的梦想

我重复说过很多次,学习之前要搞清楚学习的目的,但家长总是容易陷入"怎样把这个跟学习联系起来呢"的误区。

比如"我们家孩子喜欢图画和手工,我怎么也想不出来这要怎么跟学习挂上钩",很多家长可能都会这样想。

其实你可以这样想。

如果想要当好制图员,手指必须要非常灵活。这是很大的优点。

孩子可能会成为卓越的外科医生和牙科医生。这并不是笑话。真的有人因为手指不灵活而放弃当外科医生和牙医。有些孩子成年之后无论怎么努力也做不到这一点。

在他们还是孩子的时候进行充分训练,锻炼手感,这绝对不会是浪费。

此外,有的家长表示无法接受孩子"想当饺子店老板"的梦想。

一家人经常去附近的中国饭馆,每次店员把饺子做好端上来的时候,孩子的眼神中总闪烁着非常钦佩的目光。之后他经常在家做饺子,一直说"我将来要当饺子店老板"。

但是家长知道厨师这个行业就业形势是非常严峻的,对于"做饺子"这个工作,很难说"是吗? 那就好好努力吧!"这种话。

这里家长遗漏了一些要点。

真正想要把饺子做好的孩子,绝对不会满足于过"靠着惰性随便做饺子的人生"。

这个孩子期望的是想当"能做出这么好吃的饺子的人"。要想做出好吃的饺子,就要研究饺子皮擀多厚,放多少水,要用多少压力去蒸饺子等问题。

这已经算科学领域的问题了。真正思考这些的孩子,就会开始研究科学,最终可能会成为科学家。只要明白这点,就可以说出"哦哦,你的梦想可真伟大"了。

然后问他:"要做出来好吃的饺子,是多么困难的事情,你知道吗?"还可以把生饺子买回来,调整水的多少来摸索怎样做更好吃。对饺子产生兴趣的孩子,哪怕讨厌学习,现在也会高兴地去学习的。学习科学就是从这时候开始的。

如果不了解这些，只是呵斥孩子"你在说什么傻话？孩子就应该先好好学习"，就会击溃孩子的梦想，好奇心和欲望等学习的火种就会熄灭。我希望家长要注意这一点。

❀ "喜欢的事物"也存在陷阱

发现了喜欢的事，就可以拿来当作学习的火种。其实这样也会存在着一些陷阱。

很多孩子都会混淆"轻松的事情"和"快乐的事情"的概念。

比如有孩子说"我喜欢钓鱼"。

"我最喜欢钓鱼了，想一直钓下去。"如果可以从钓鱼中学到生物、物理、气象等学习内容的话，其实是很好的事情，但你首先需要看清楚孩子究竟为什么喜欢钓鱼。

钓鱼是一件非常需要忍耐力的事情。了解鱼的习性和水性，才能把鱼钓上来，而且跟鱼之间的博弈也需要耐性。如果真正想做好，就必须每天学习。

但是有的孩子并不想学习，只是喜欢鱼上钩时的感觉。这就不是真正喜欢钓鱼,而是喜欢钓上来瞬间的成就感。

而事情往往都会是如此。

如果不看清楚"喜欢做的事"到底是做什么、为什么喜欢的话,就没法跟真正的学习联系起来。但是孩子说出这些话的时候,并不能马上分辨清楚。

那要怎么办呢? 找到"喜欢"的东西时,可以先让孩子体会一下做这件事的乐趣。然后让他觉得"很开心,很喜欢"之后,再让他体验不那么愉快的部分。

如果是钓鱼的话,可以带着孩子一起在暴风雨来临之际出海。

船只剧烈摇晃,会产生强烈的晕船感觉。更不要说钓鱼了。这时如果孩子说"我受不了了"的话,就可以引申到"那么这就不算真正的'喜欢'了吧"。如果是真的喜欢,孩子就会问:"这种时候有没有方法可以钓到鱼呢?"

或者会发散思维想道:"暴风雨来到,大海波涛汹涌,大海的内部也是这样吗?"

如果这样,那说明孩子是真正"喜欢"钓鱼的。

任何事都不要放弃。任何孩子都有真正喜爱的东西。家长们应该帮助孩子发现真正喜欢的事情。

这些事情无论何时都会成为永不熄灭的"学习的火种"。

略长的后记

为了让孩子掌控考试，传授给父母这样三件事

🍀 眼泪让人长大

现在偶尔可以看到对"考分决定命运"这一考试制度的批判，但我认为这是对考试的本质理解不足的结果。

他们批判的前提是"考试一定会分出胜负两组人"。

这如果是事实，考试制度早就会出现破绽了，因为考不上的人会非常不幸。

但事实并非如此。

考试失败的人一样能得到幸福，失败可能会让人变得更强。所以考试制度才一直得以存留至今。

这个有着悠久历史的制度，一定是对所有人都有好处的。

有位优秀的艺术家名叫井上阳水。我从前在杂志上了解他的经历时，情不自禁地笑出了声。

他第一次考大学失败,第二年考大学又失败,第三年考大学又失败,于是就放弃了高考。

也就是相当于放弃了上大学的机会。结果却成了今天的他。

他自己也说:"如果当时考上了,可能就没有现在的自己了。"

考试就是会让人这样思考的制度。即使落榜,也会在很多年之后觉得"当年亏了没考上"。

所以我坚持对作为家长的各位说:"即使没考上,也绝对不是失败者。"我希望不要以胜败来看待考试这件事。

但非常遗憾的是,很多家长仍然认为考试是决定命运的事情。为了消除这种观念,要花很大的精力。

"充其量就是在考试上赌多少的问题。考试不值得赌上整个人生。但是有必要赌上拼命地努力,因为这样会让人成长。考试就是这样一个过程。"

如果我们不说这些,家长甚至孩子们就会一直担心考试落榜。

比如有这样一个女生。

她在所在的公立初中成绩排名年级第一,但有一个弱点。

她的母亲非常热心教育,从很早就开始决定"考这个学校,只能考这个"。

当时她本人并不理解,跟老师面谈的时候也只有她妈妈在喋喋不休。

然后她在考试成绩公布当天，跟我说："老师能陪我一起去看吗？"

"你不跟朋友一起去吗？"
"嗯，我一个人去。"
"你妈妈呢？"
"我妈妈说'太害怕了去不了'。"

母亲都到说"害怕"的程度了，可见是把考试放在了多么重要的位置。如果能考虑到"车到山前必有路"也就不会害怕了。可这位母亲害怕到感觉万一女儿不合格，自己体内的某样东西就会坏掉。

她女儿显然也感受到了这一点。

我当时要去别的高中看成绩，之后才跟她会合。

结果是没考上。

回家的路上，她哭了出来，说："老师，我已经回不去家了。"

她实在没法回家，我就先带她回到补习学校。然后她抽抽搭搭哭了好几个小时。

母亲来接她的时候，我说："孩子妈妈，您觉得女儿的人生就此结束了吗？"她虽然说"不，我已经想通了"，但还是非常担心

"只要她别自杀就好……"。

这种时候，哪怕对她说"这并不决定她的人生"也是毫无意义的。

只会让她更难过，除了难过没有别的感情。

这时只能说"哭吧，没事，真是不好过啊，真难受吧"，同时陪伴在她身旁。

这是家庭里面母亲的职责。原本我是希望母亲这样做的。

但是无法依赖母亲的女儿，在补习班哭了很久，只能一个人直面悲伤了。幸好她直面自己的情绪后，现在过着非常幸福的"属于自己"的人生。

考试到底是什么呢？

当然考上的话会欣喜万分。但是没考上而默默流泪、从而得到成长的孩子，简直是数也数不清。

在某种层面上，挫折会让人更强大、更优秀，视野更开阔。请家长们务必要了解这一点。

🍀 成为货真价实的人

滩高中是全日本有名的男子高中。来我们补习班的学生们中，有很多男生的目标就是考取滩高中。

但是过了初中三年后，考试的结果中一定有一些孩子选择跟滩高中完全不一样的学校。

滩高中的确是所好学校，但好学校不止滩高中一所。

至少，绝对不可能出现"考不上滩高中一辈子就毁了"这种可笑的情况。其他的好学校还有很多很多，选择一个校风适合孩子的学校才是最重要的。

但是非常遗憾的是，有很多家长和孩子都认为"滩高中以外的学校都不行"。我们补习班里考上滩高中的孩子非常多，所以会有学生说"上了那个补习班却没考上滩高中，真遗憾"之类的话。

正因为如此，决定上滩高中以外的学校的孩子，都不会参加补习班的中考庆功会。他们给自己贴上了"失败者"的标签。

那么这样会产生什么结果呢？

首先是自轻自贱。自己觉得很自卑，无论其他人怎么夸奖自己，都会否定说"不不，我哪有那么厉害"，无法得到他人给予的爱。

得不到他人爱的人，也不会接受批评。因此这样的人去哪里，都是孤独的。

如果能从低谷爬上来，直面自己的问题，最终就能说"这样真是太好了"。如果爬不上来，就会度过寂寞冷清的一生。

反过来，走自己想走的路的人中，也有一些不炫耀学历就难受的人。

看起来他们充满自信，实际上这只不过是他们缺乏自信的表现而已。

比如考上东京大学，感觉自己走上了正路，但实际上可以说自己除此之外别无所长。就好像展示浑身的名牌衣服，就是在说"怎么样，我厉害吧"。

但是真正厉害的人，哪怕什么也不穿，也是能堂堂正正走在路上的。

通过比对方高的学历而让自己站在优势地位，有人会觉得这样心情很好。

但反过来，即使是有高学历，也能不显摆它的价值的人，我认为是"货真价实的人"。

我考了三年才考上同志社大学。周围的同学都考上京都大学、大阪大学、神户大学等等更好的学校，我虽然觉得"无所谓"，但心底还是抱有某种情结。

上了大学之后，去应聘补习班老师，笔试合格之后需要做试讲。试讲结束的时候，当时补习班的校长就问我："木下君在哪所大学读书？"我下意识就回答："不好意思，在同志社大学。"这个"不好意思"，完全体现了我当时的心理阴影。

然后校长说："有什么不好意思的，同志社大学也是非常优秀的大学啊。你做得很不错。"

校长自己是大阪大学毕业的，但是他的话中没有任何看不起的意思，说出的都是内心真实的想法。我非常高兴，觉得"一定通过了，我要在这个补习班教课了"。

这句话平时不记得，但有时会一下子想起来。"货真价实的人"说出的话，哪怕只有一句，也会给别人的心里留下强烈的印象，并深深影响到他们。

✿ 最终那些坚持学习的人才不会被淘汰

我说了很多很多,终于到了要结束的时候了。

我最后有一句最想说的话想告诉家长们。

那就是"真正想要的东西,靠他人给予是得不到的"。

学习这件事,如果知识都在教的那一方,学生永远也得不到,如果不从学习方的角度去学,那永远也成为不了自己的东西。

人类想要掌握知识,首先要学习知识。他们就会认为教的人比较聪明,学习的人比较笨。

真是大错特错。教的人并不聪明,学的人才聪明。

聪明人是一直在学习各种事物的人。所以聪明人要从笨人那里学到东西。但是笨人连想都没想过要从聪明人那里学习。我们往往会搞错这一点。

如果注意不到这一点，家庭教育就一定不会成功。"家庭里面的家长十分伟大，而孩子十分不成熟"的这种指导思想还一直存在着。

错。家长如果想成为聪明人，就必须一直保持从孩子身上学习的姿态。

或者说，真正想要的东西，是在紧握着东西的手松开之时得到的。

大家都知道"出入口"这个词，那为什么说"出入"而不是"入出"呢？因为如果不先出去，也就无法进入。

比如我们会说"把水倒在杯子里"，但正确的表达不是把水倒进杯子，而是把空气赶出来。水把空气挤出来，才能倒在杯子里。如果空气出不来，水一定也进不去。

所以不是"倒入水"，而是"把空气挤出来水才能进去"。

这个例子换成学习的话，应该怎么讲呢？首先要把现在握在手中的东西放掉，也就是家长把自己一直以来的执念舍弃掉，然后才能真正开始学习教育。

读了这本书，家长们是否觉得自己的价值观开始出现"哗啦啦"破碎的声音呢？

"让孩子读报刊杂志？开什么玩笑！""让孩子玩游戏玩个够？那可不得了！"

请不要随便做这样的决定。我说的事情，都是通过我十六年的讲师生活而得到的可信的经验。如果相信我，并且认真执行的话，我相信你们的孩子一定都会过上幸福的人生。

最后，我要对促使本书顺利出版而一直以来照顾我的各位表示谢意。

首先，非常感谢各位读者一直以来对我的支持。

此外，对让我开始执笔写这本书的 PHP 研究所的佐藤义行先生，把我唠唠叨叨的话总结成如此简洁明了的编辑社纳叶子女士，还有进行编辑校对的 PHP 研究所的大井美纱子女士，表示诚挚的感谢。

最后我还要对支持我的朋友、工作人员和家人送上最衷心的谢意。